# SIBYLLE ALEXANDER
## Das Findelkind

# Das Findelkind

Neue und alte irische und
schottische Geschichten

nacherzählt und erzählt von
SIBILLE ALEXANDER

ISBN 3-88069-376-5
© 2001 J. Ch. Mellinger Verlag Gmbh Stuttgart
Gesamtherstellung: Wiener Verlag, Himberg bei Wien

# Inhaltsverzeichnis

# Einleitung

Bis zum 16. Jahrhundert gab es viele kleine Sippenfürsten in Schottland, die oft in Fehde lagen, und wer in Frieden leben wollte gab seine Kinder manchmal zu frommen Mönchen oder in eine geachteten Familie, in deren Obhut sie in Sicherheit aufwachsen konnten. Viele der Herrenhäuser oder Burgen hatten einen Hausgeist, der jahrhundertelang die Fürsten behütete. Sie blieben meist unsichtbar, hatten scharfe Augen und Ohren und lebten in inniger Gemeinschaft mit den Elementargeistern, mit den Vögeln, mit den Bienen und mit den klugen Seehunden, die alle in das Leben von Menschen und Vieh eingreifen konnten. So ein Hausgeist sorgte auch dafür, dass Treue, Ehrfurcht und Gerechtigkeit im Lande waltete und die Bösen ins Unglück gerieten.

Bücher waren selten und kostbar, die Schriften des Paracelsus hatten hohen Wert; er hielt die Riesen und Elementarwesen für Gottesgeschöpfe und wer sie verleugnete, verleugnete auch Christus. Ich habe Texte aus seinem Buch 'Das Buch von den Nymphen, Sylphen, Pygmäen, Salamandern und den übrigen Geistern' in der schönen Faksimile Ausgabe der Basilisken Presse benutzt, in der ausgezeichneten Übertragung von Gunhild Pörksen (1996, Marburg an der Lahn), die ein interessantes Nachwort enthält.

Es ist für moderne Leser oft schwer, sich die Realität der Elementarwesen vorzustellen. Dem Zeugnis des Paracelsus helfen hier die irischen und schottischen Geschichten bestens. Die Verbindung zum Kontinent, besonders nach Frankreich, war damals stark und es kamen von den schottischen Missionaren manche zurück, die Schriften von Paracelsus und ein Wissen um die Rosenkreuzer und ihre Märchen mitbrachten. Elementarwesen schienen mit der Aufklärung ihr Daseinsrecht verloren zu haben, Paracelsus aber sagte, sie hätten ein Hüteramt und wachten über die Ökonomie der Natur, verwalteten die Bodenschätze und sorgten dafür, dass immer wieder

Rohstoffe gefunden und abgebaut werden können. Hier taucht die Idee einer Art Erdgeschichte auf und den Sirenen, Riesen oder Zwergen wird eine zukunftserhellende Bedeutung zugeschrieben. Paulus gilt als Zeuge dafür, dass erst am Ende der Welt sich der Sinn dieser Geschöpfe offenbaren wird (Frei zitiert nach G. Pörksen).

Mehrere der Geschichten im diesem Band, z.B. ‚Jakob und Rachel', handeln von blinden Kindern und der besonderen Gabe, die einige von ihnen entwickeln können. Sie wurden von der Arbeit im Blindenheim in Edinburgh inspiriert und von dem Nobelpreisautoren Isaac Bashevis Singer aus Polen. Traditionelle schottische und irische Geschichten erzählen davon, wie wir Menschen unser eigenes Glück oder Unglück bestimmen: Dem Geizhals wandert sein Geld davon, um eine tüchtige Familie zu beschenken, der arme Angus erfüllt klug die Wünsche seiner Familie, ein Dudelsackspieler beglückt die Wichtel und der unehrliche Bäcker muss Großzügigkeit lernen und wandelt sich dabei.

Einige meiner eigenen Erzählungen aus unserer Zeit wie z.B. ‚Das Kirchendach', ‚Licht im Puppenhaus' oder ‚Die Jahrtausendwende im Borderland', sprechen von der Zukunft, während ‚Francis und die sprechenden Tiere', die Wikingerzeit darstellt.

# Das Findelkind

Der Eichelhäher klopfte mit seinem Schnabel an das Fenster der Försterei, und Herr Guteman wachte mit einem Ruck auf. Ja, das war der selbe Vogel, dem er vor Monaten den Flügel geschient hatte und der gerne einmal vorbeiflog. Heute aber schien er eine Botschaft zu haben. Er hielt ein Mützchen im Schnabel! Wo eine Mütze ist, ist auch ein Kind.

Rasch kleidete der Förster sich an und ging vor die Tür, vor die der Eichelhäher ihm das goldbestickte Häubchen hinwarf, laut schrie und mit den Flügeln schlug. "Ich muss fort!", rief Günter Guteman seiner Frau zu und folgte dem Vogel tief in den Wald zur breiten Schneise, die sich quer durch den Caledonian Forest hindurchzieht.

In der Nacht hatte ein Sturm gewütet, viele Bäume waren gefallen, und die Schneise war mit Ästen übersät. Mitten auf dem Weg lag eine umgestürzte Kutsche, die von einer mächtigen Eiche getroffen war und den Kutscher erschlagen hatte, das Pferd lag tot zwischen der Deichsel und Fliegen umschwirrte das Tier. Im Inneren der Kutsche lag ein lebloser junger Mann, der in den Armen einen rosigen Knaben hielt, der fest zu schlafen schien.

Mit Mühe vermochte der Förster die schwere Eiche herunterzuziehen. Dabei wachte das Kind auf und hob die Hände. Mit großer Vorsicht befreite Günter es aus dem Gefährt und bestaunte die Anmut des kleinen Knaben, der ihn ohne Scheu mit großen braunen Augen ansah.

"Mein Bub, der Himmel hat dich gerettet! Komm mit mir nach Hause zur Mutter!" "Mutter?", fragte das Kind. "Ja, ja, komm nur mit mir und du wirst die Mutter sehen." "Roland keine Mutter!", antwortete das Bübchen.

Mit inniger Zärtlichkeit drückte Günter das Kind an seine Brust und wendete sich zum Gehen, damit der Junge nicht zum Vater zurückblicken konnte. Der Tote konnte warten, hier war Eile geboten! Der Eichelhäher flog wieder voran und kündigte mit lauten Schreien das

Ereignis an. Frau Maria wartete vor dem Haus; mit Staunen sah sie ihren Mann mit seiner Last heimkommen. Ein Kind, ein lebendiges, atmendes kleines Wesen in den Armen des geliebten Mannes: Wie sehnsüchtig hatten sie beide viele Jahre lang auf einen Erben gehofft. "Findelkind komm zu mir, wir freuen uns über dich", sagte sie liebevoll. In der Küche brannte ein helles Feuer, der Haferbrei wartete schon, und der Tisch war gedeckt.

"Hier ist jetzt dein Zuhause, Roland", meinte der Vater und setzte sich mit dem Jungen auf den breiten Stuhl. Maria gab ihm ein Löffelchen, füllte eine Schüssel mit Brei und goss Milch dazu. Das Kind faltete die Hände, sah zum Förster auf und erwartete offenbar ein Tischgebet. Erst als eines gesprochen war, tauchte er den Löffel ein, und aß mit sichtlichem Appetit den Teller leer.

Voller Andacht schauten die Försterleute zu und vergaßen selber ihr Frühstück. Es war, als sei der Raum mit Licht erfüllt: Licht schien aus den goldbraunen Augen, Licht spiegelte sich im hellen Haar.

Der Junge rutschte vom Schoß seines neuen Vaters und ging die paar Schritte zu Maria und sagte wieder: "Roland keine Mutter." Maria aber sagte: "Ich bin jetzt deine Mama!"

"Maria, wir wollen dem Findelkind unser kleines Reich zeigen", meinte der Förster und stellte Roland auf seine festen, kleinen Beinchen. Treuherzig blickte das Kind auf, ergriff die gebotene Hand und ging zur Tür. Die Sonne strahlte auf die Lichtung, weiße Tauben gurrten, Hühner gackerten, ein Schwein grunzte im Stall und auf der Wiese weideten eine Kuh und vier Schafe zufrieden das saftige Gras.

Maria nahm einen Korb und füllte ihn mit Getreide, um die Hühner zu füttern, die sich um sie scharten. Roland beobachtete aufmerksam, wie Maria das Korn im Bogen ausstreute, und er griff in den Korb, um es ihr nachzutun. "Ich muss zurück in den Wald", meinte der Förster, "es gibt dort viel zu tun. Lasse den Buben nicht aus den Augen." "Nie und nimmer, lieber Günter, gehe ruhig fort und mein Segen sei bei dir."

Während Roland eifrig beim Füttern der Tiere half, eilte der Förster mit einem Spaten zurück zu der Schneise. Er zog den toten Herrn aus der Kutsche heraus und anschließend den toten Kutscher. Er machte das Zeichen des Kreuzes über ihnen und ging dann zurück, um nach Hinweisen auf die Identität des edlen Herrn zu suchen. Er fand ein großes, schweres Buch von Paracelsus, ein rundes Medaillon und ein kleines Kästchen, sonst nichts. Mit Sorgfalt verbarg er die Gegenstände in seinen Taschen und legte das Buch zur Seite.

Die Erde am Waldrand war weich, und rasch waren zwei Gräber ausgehoben. Er legte den Kutscher in das eine Grab. Doch ehe er den toten Herrn hineinlegte, öffnete Günter dessen Kragen, und sah dabei eine feine goldene Kette, an der ein sonderbares Kreuz hing. Er löste sie sorgfältig ab und steckte sie ein. Als er den Toten ins Grab legte, hörte er Papier knistern: In der Tasche steckte ein Brief! Vielleicht stand darin etwas über diesen edlen Herrn? Jeder Aufschluss war wichtig für Roland, der später viele Fragen haben würde!

Plötzlich hörte er eine Stimme: "He da, was ist los?" Es war der Köhler, der aus dem Dorf heran kam und neugierig die Kutsche betrachtete. Seine Augen hatten einen gierigen Glanz, als wittere er Beute. "Du kannst das Pferd gerne haben, wenn du es wegschaffen kannst. Aber komme erst hierher, um die Toten zu begraben!"

Als das Werk getan war, faltete der Förster die Hände und sprach ein Gebet. Dann sagte er: "Später müssen wir diesen Weg frei machen. Du kannst dir nehmen, was du willst. Ich muss heim."

Mit diesen Worten ging er rasch zurück in den Wald, dankbar dafür, nicht früher gestört worden zu sein. Unter den wenigen Menschen, die im Caledonin Forest lebten, war dieser Köhler ihm stets unheimlich gewesen, und er wollte nicht, dass er von dem Kind erfuhr. So sprach er im Gehen die Rune des Schutzes für Roland:

Die Gnade der Liebe sei dein,

Die Gnade der Heimstatt sei dein,

Die Gnade des Vaters sei dein,

Die Gnade des Himmels sei dein,

Gnade und Schutz sei dein ewiglich.

An diesen Abend saßen die Eheleute am Kamin und sannen über die Ereignisse des Tages nach. Roland schlief in dem Kinderbett des Sohnes Francis, der mit sieben Jahren verunglückt war und tiefes Leid zurückgelassen hatte. Günter legte zuerst das Medaillon in die Hände seiner Frau, die es mit Sorgfalt öffnete. Das Antlitz einer wunderschönen jungen Frau, die goldbraune Augen und helles Haar hatte, wie Roland es wohl geerbt hatte, strahlte ihr entgegen. Eine Locke fiel heraus. Lange betrachteten die guten Leute das Bild. Günter entzifferte den Namen Elisabeth, darunter stand 'Rollo', wohl die Signatur des Malers. Endlich holte er das Kästchen hervor, in welchem viele bunte Edelsteine in rotem Samt verborgen waren, darunter auch einige klare Kristalle von ungewöhnlicher Schönheit. "Wenn Roland groß ist, wird er wohlversorgt in die Welt gehen können", meinte der Förster. "Wir werden den Schatz für ihn gut verwahren. Wir selber besitzen genug, um ihn zu ernähren; alles soll unangetastet bleiben. Jetzt aber wollen wir den Brief lesen, den ich in der Tasche des Vaters fand." Es war ein bemerkenswertes Dokument:

„Verehrter Meister, liebe Brüder und Schwestern!

Aus vollem Herzen sage ich Dank für den Trost, den ich von euch nach dem Tode meiner geliebten Elisabeth empfangen durfte. Noch brennt der Schmerz in meinem Herzen, doch die unerschütterliche Gewissheit, mit ihr im nächsten Leben wieder verbunden zu sein, lässt mich alles ertragen und hält mich aufrecht. Tief im Innersten der Seele wünsche ich den eigenen Tod herbei, und Ahnungen baldiger Erlösung tauchen in meinen Träumen auf.

In dem Antlitz unseres Sohnes Roland erblicke ich das holde Gleichnis meiner Frau, und es ist mein Wunsch, ihm die Sicherheit und Kraft im Leben zu schenken, die der wahre Glauben bringt. Deshalb unternehme ich diese Reise.

In unserem Lande herrscht Gesetzlosigkeit, unser Schloss bietet keinen Schutz mehr für das Kind, und ich bin auf der Suche nach einem Lehrer, der Roland in die hohe Schule der Liebe und Weisheit einführen kann und die Versuchungen der Welt fernhalten kann, solange es möglich ist. Wir haben in seine Seele die Tugend der Dankbarkeit gelegt, aus der alle anderen Tugenden wachsen.

Von euch, hoher Meister, wurde ich in die Geheimnisse der drei Reiche eingeführt und lernte die Mineralien schätzen, die Pflanzen mit ihrer Heilkraft studieren, die Welt der Tiere bewundern. Möge Roland auch davon erfahren. In alten Zeiten wählten Eltern einen Pflegevater für den Sohn, und mir scheint, es liegt Klugheit darin, für Roland eine Familie zu finden, die fern vom Getriebe meines Standes Ruhe und Frieden gewähren kann, bis Roland stark genug ist, sein Erbe zu übernehmen. Ich bin bereit, dafür Opfer zu bringen im Namen des Vaters, des Sohnes und des Heiligen Geistes.

In tiefer Verehrung

Francis James"


Lange Zeit schwiegen die Försterleute, bis Maria ihre Hand hob und sagte: "Mit der Kraft meines Herzen will ich dieses Kind im Sinne des Testamentes seines Vaters erziehen und selber täglich alles das lernen, was Roland braucht, um die hohen Erwartungen zu erfüllen, die in ihn gesetzt wurden."

Die Försterleute schwiegen; sie ahnten etwas von der Größe der Aufgabe, die ihnen unvermutet zugewiesen war und beteten im Stillen für den Toten. "Ich muss ein Kreuz auf das Grab setzen und dafür sorgen, dass alle Spuren des Unfalls fortgeräumt werden. Niemand darf erfahren, dass der Erbe des Landes bei uns ist. Im Dorf hörte ich Gerüchte über die feindseligen Ritter im Nachbarreich, vor denen Roland geschützt werden soll. Wenn der Köhler fragt, wo der Junge herkomme, sag, er sei deiner Schwester Sohn, meinte Günter und Maria sagte: "Ich will einfache Kleider für Roland nähen, damit er nicht auffällt."

An der Schneise war bereits alles fortgeschafft, was an den Unfall hätte erinnern können. Der Köhler hatte das Pferdefleisch in den Rauch gehängt und die Kutsche Stück für Stück fortgetragen. Zwei kleine, schlichte Kreuze markierten die Gräber. Noch war die Schneise fast unpassierbar, weil viele Bäume gefallen waren. Das Kind war sicher verborgen vor den Augen der Welt.

Jahre vergingen, Roland wuchs heran und lernte alle Arbeiten in der Försterei. Er durfte Günter oft in den Wald begleiten.

Abends las Maria aus der Bibel vor und zeigte dem Jungen die Buchstaben. Kaum konnte er lesen, da nahm der Förster den Band von Paracelsus: 'Das Buch von den Nymphen, Sylphen, Pygmäen, Salamandern und den übrigen Geistern.' Mit großer Ehrfurcht lasen sie dort von dem Licht der Natur und dem Licht der Menschen: "Denn die Natur gibt ein Licht, wodurch man sie erkennen kann aus ihrem eigenen Schein. Aber im Menschen ist auch ein Licht außer jenem Licht, das aus der Natur herstammt: Es ist nämlich das Licht, durch das der Mensch übernatürliche Dinge erfährt, lernt und ergründet. Diejenigen, die im Licht der Natur suchen, die reden von der Natur, diejenigen, die im Licht des Menschen suchen, die reden von einem Bereich über der Natur. Denn der Mensch ist mehr als die Natur. Er ist Natur. Er ist auch Geist. Er ist auch Engel: Er hat die Eigenschaften derer drei." Viele Male lasen sie den Text und grübelten darüber. So begann die Schulung von Roland, und die Pflegeeltern strengten sich mit allen Kräften an, die Weisheit der Bibel mit den Gedanken des Paracelsus zu verbinden und im täglichen Umgang darzuleben.

Der Köhler kam nie zur Försterei. Eines Tages jedoch war Roland in die Nähe seiner Behausung geraten, als er ein grässliches Schreien hörte. Der Junge folgte dem Ruf, um Hilfe zu bringen. Er fand eine Lichtung mit einem großen Kohlenmeiler, aus dem der Oberkörper des Mannes herausragte, der diese tierischen Laute ausstieß. Rasch holte Roland ein Brett, lehnte es an den Meiler, kletterte hinauf und bot dem Mann seine Hand. Mit letzter Kraft klammerte sich der Köhler an ihn und ganz langsam zog der Junge ihn heraus. Die Beine waren verbrannt, der Köhler wurde ohnmächtig. Roland zog die Fetzen der Hose ab, suchte breite Ampferblätter und legte sie auf die Brandwunden. Dann eilte er nach Hause und kehrte mit Günter wieder, der eine Tragbahre anfertigte, auf der sie den Verletzten zur Försterei trugen.

15

Maria hatte inzwischen Brennnesseln gepflückt und mit kochendem Wasser übergossen. Als der Köhler ein Sitzbad, in dem Brennnesselaufguss, erhielt, nahm ihm Roland vorsichtig die zerfledderte Jacke ab. In der Tasche war ein Stück Papier, das er versteckte. Der Kranke erhielt neue Kleider. Sie bauten für ihn im warmen Stall, mit sauberen Laken ein Bett aus Heu, so dass der Kranke sich wohlfühlte. Er sprach wenig und schaute über die Halbtür auf den Hof, auf dem ständig Leben war.

Nachmittags setzte sich Maria zu ihm und während sie Äpfel schälte, fragte sie ihn nach seiner Kindheit. "Meine Mutter starb wenige Jahre nach meiner Geburt, die große Schwester musste den Haushalt führen, und ich war ihr im Weg. Mein Vater prügelte mich fast jeden Tag, und schließlich bin ich weggelaufen. Beinahe wäre ich im Wald verhungert, aber der alte Köhler fand mich und lehrte mich sein Gewerbe. Bei seinem Tode gab er mir alles, was er besaß. Es ist eine harte Arbeit, und wäre der Junge nicht gekommen, wäre ich verbrannt. Ich bin beim Abdecken in den Meiler eingebrochen. Jetzt aber bin ich froh, denn es ist mir noch nie so gut gegangen wie hier." Die Wunden heilten gut ab. Roland zeigte Günter das gefundene Papier. Dieser fand darauf in der Handschrift von Francis James den Namen des Stellvertreters im Schloss; er hieß Oswald und war beauftragt, den Prinzen Roland als Erben einzusetzen, falls er, der Vater, die Reise nicht überstehen würde.

"Der Köhler hat den Brief in der Kutsche gefunden, aber er kann nicht lesen, weiß also nicht, wer Roland ist" sagte Günter. "Mir hat er gesagt, wie ähnlich Roland mir doch sei! Gerne habe ich die Lüge nicht gesagt, aber ein Prinz hier im Wald wäre nie sicher", meinte Maria. An diesem Abend erklärte der Köhler, er sei gesund und müsse zurück zur Arbeit, oder der Verdienst des Jahres wäre verloren. Mit einem Sack voller Nahrungsmittel ging er am nächsten Tag fort.

"Es ist Zeit, dass du deine wahre Herkunft erfährst, Roland", sagte der Förster und holte die Kiste mit den Schätzen hervor. Tief bewegt schaute der Junge auf das Bild seiner Mutter. So gut er konnte, beschrieb Günter, wie der Vater ausgesehen habe. Er vertraute ihm dessen Brief an, und Roland staunte, wie dort von einer Familie geschrieben stand, die ihn erziehen solle. "Dein Vater ahnte, dass er bald sterben würde, und wir haben seine Worte täglich bedacht. Es war ein Glück für uns, dich bei uns zu haben. Du bist wie ein Sohn, aber du musst bald dein Erbe antreten und uns verlassen."

Roland erhielt die Edelsteine, das kostbare Buch des weisen Paracelsus, die Miniatur und die Dokumente, aber er schloss sie alle wieder in den Kasten und gab den Schlüssel seinem Pflegevater: "Bewahre es weiter für mich auf und wenn möglich, zeige mir das Grab meines Vaters."

Am nächsten Tag pilgerten die guten Leute mit Roland zur Schneise, die fast überwachsen war. Wäre kein Kreuz dort gewesen, hätte man das Grab nicht finden können. Günter beschrieb den Sturm, erzählte von dem Eichelhäher, der die Mütze gebracht und den Weg gezeigt hatte. "Ich schulde dem Eichelhäher Dank", sagte Roland. "Was wäre geschehen, wenn mich niemand gefunden hätte?" "Der Köhler hätte dich verkauft! Er ist bettelarm und nie hätte er dich ernähren können." "Wäre kein Vogel gekommen, wäre dein Schutzengel selber zu uns geflogen, um uns zu holen", meinte Maria. "Das Schicksal ist nicht blind. Dein Vater war ein Mann des Gebetes und du warst auch von deiner Mutter im Jenseits beschützt."

"Warum bin ich wohl am Leben geblieben?", fragte der Junge, und Günter antwortete: "Frage lieber, wozu du am Leben bist. Hast du tief im Herzen eine Ahnung von den Aufgaben, die bald auf dich zukommen? Wir sind unendlich froh darüber, dass du bei uns warst, aber festhalten dürfen wir dich nicht. Ich glaube, du könntest ein guter Förster werden. Bald jedoch ist deine Lehrzeit bei uns vorbei, das spüre ich."

Wenige Wochen später kam ein alter Wandersmann an die Tür, der schneeweiße Haare hatte und doch kraftvoll und fast jugendlich aussah. Mit warmer Herzlichkeit führte Maria ihn ins Haus und bot ihm frische Buttermilch an. Sie schürte das Feuer und gab ihm Wasser zum Waschen. Kurz darauf kehrten Günter und Roland von der Arbeit heim. "Es war nicht leicht, euch zu finden", sagte der Fremde, "Ein Eichelhäher hat mir den Weg gezeigt. Ich bringe wichtige Kunde von Oswald, der als Stellvertreter das Land regiert und dem ein Traum die Heimkehr des wahren Erben verkündigte. Habe ich Recht, ist dies Prinz Roland?"

Der Junge nickte. Günter Guteman berichtete kurz, was vor 14 Jahren geschah und wie Roland zu ihnen gekommen war. Maria ging in ihre Kammer und holte ein Täschchen aus Samt, in dem das Rosenkreuz lag. "Hier ist der Nachweis, dass Rolands Vater dem Orden der Eingeweihten angehörte. Wir haben uns bemüht, im Sinne dieser Bruderschaft das Kind zu erziehen. Jetzt aber ist unsere Aufgabe erfüllt, und Roland muss uns wohl bald verlassen."

Der Gast zog eine Kette unter dem Wams hervor und offenbarte ein völlig gleiches Rosenkreuz. "Was bedeutet das?" fragte Roland, "Schwarzes Holz und rote Rosen?" "Das Volk der Kelten hatte vor allen anderen Völkern die Aufgabe, das Verständnis für Christus zu wecken. Die Kelten bauten erst große Steinkreise, von denen tausend in Schottland standen und dazu dienten, den Willen Gottes im Schatten der Steine zu lesen. Die Priester schauten den Tod des Sonnengottes am Kreuz und erfuhren von der Auferstehung. Es entstanden daraufhin die hohen Sonnenkreuze, vor allem in Irland, aber auch hier, und statt auf den Karfreitag zu schauen, war der Blick auf den siegreichen Christus vom Ostersonntag gerichtet. Auf dem Festland aber herrschte ein anderes Christentum. Die Kirche vergaß den kosmischen Ursprung der Religion und sogar den Anteil am Geist, den jeder Mensch besitzt. Es wurde verboten, von Körper, Seele und Geist zu sprechen, nur ein geweihter katholischer Priester hätte den Schlüssel zum Himmel, wurde gesagt. Da hat Gottvater den Erzengel der Kelten nach Europa gerufen, um die Gewissheit unserer himmlischen Herkunft in den Herzen der Menschen zu bestätigen. Aber es war gefährlich, offen davon zu sprechen. Wir kleideten uns stets in der Landestracht und wanderten von Ort zu Ort, brachten Heilung den Kranken und erzählten neue Märchen, die den Seelen Nahrung schenkten. Unser Zeichen ist das Rosenkreuz aus schwarzem Holz, das Leid symbolisiert, und die sieben roten Rosen der Liebe." "Wann darf ich das Kreuz meines Vaters tragen?", fragte Roland. "Wenn die Zeit reif ist. Wir studieren so lange miteinander, bis der Ruf an dich geht heimzukehren."

Die folgenden Tage waren für die Familie reich und beglückend jenseits aller Erwartung. Sie hörten von dem Wirken des Meisters in allen Ländern Europas und dem Streben nach Frieden unter den Menschen. Sie begannen auch Paracelsus neu zu verstehen, der die Wesen im Feuer, in der Luft, im Wasser und von der Erde beschrieb, die in der Welt wirken, obwohl sie sich selten sehen lassen.

Eines Tages nahm der Alte Roland mit sich auf den Weg zu einem Waldsee, der aus einer klaren Quelle gespeist wurde. Am Waldrand blieben sie schweigend stehen, und voller Staunen sah der Junge eine Schar Nymphen im Wasser spielen, deren Leiber in der Sonne glitzerten. Doch ganz plötzlich verschwanden sie spurlos. Aus ihrem Versteck sahen sie den Köhler, der eine Angel in der Hand hielt.

Ungesehen zogen sich die beiden zurück, und der Alte erklärte, wie diese Wesen sich vor den Augen Uneingeweihter schützen müssen. "Ja, bin ich denn eingeweiht?", fragte Roland erstaunt. Der Alte nahm seine Hand und presste sie auf das eigene Herz. Roland spürte das starke Schlagen. Er schloss die Augen und gab sich ganz dem Rhythmus hin. Nach einer Weile legte der Alte ihm beide Hände auf das Haupt und segnete ihn: "Du bist jetzt ein Bruder im Bund, und von dieser Stunde an darfst du das Rosenkreuz tragen. Wir werden dir helfen, du bist nicht allein. Bei allem was du tust, bist du der heiligen Dreifaltigkeit verpflichtet und vor jeder Tat musst du dich fragen, ob sie deinem Volk zum Segen und Gott zu Ehren geschieht. Der Heiland soll dir stets vor Augen stehen." Da gelobte Roland, dem Bund treu zu sein und sein Leben dem Frieden zu weihen. Kurz darauf kam ein Bote ins Forsthaus, der Roland in die Heimat zurückrief. Zu Pfingsten solle die Krönung sein.

Was aber war in den langen Jahren in seinem Land geschehen? Das

Schloss, in dem Roland geboren war, hatte einen Hausgeist, der den Namen Türling trug und der über die Menschen wachte. An so manchem Morgen hatte er Träume in die Köpfe des treuen Oswald und der Amme Morag geschickt, in denen sie Roland beim Spiel sahen. "Er lebt!", dachten sie, und dieses Wissen gab ihnen die Kraft, das Erbe zu bewahren. Das war nicht leicht, denn im Norden herrschten die Raubritter Maurice und Douglas, die ihr eigenes Land ausgeplündert hatten und nun begehrlich auf die wohlbestellten Felder des Nachbarn blickten. Sie besaßen prächtige Pferde und einen geschulten Trupp Soldaten, mit denen sie auf Eroberung gingen. Doch in ihrer Burg lebte ebenfalls ein Hausgeist, mit dem Namen Glending, der den eigentlichen Besitzern, die vertrieben worden waren, diente. Er schickte seine Botschafter zu Türling, wenn Gefahr drohte, und diesen guten Geistern verdankte Oswald seinen Sieg.

Nicht lange nach dem Abschied von Lord James kam ein Tag, an dem die Feinde einen Überfall auf das Schloss planten, der in aller Heimlichkeit vorbereitet worden war. Die gesamte Reitertruppe sollte über die Grenze stürmen, das kleine Heer vernichten und das Schloss in Abwesenheit des Herrn erobern. Aber der Plan ruhte auf völliger Überraschung, und es war der Hausgeist Glending, der gelauscht hatte und rasch seine geflügelten Boten zu Türling sandte.

In der ersten Morgendämmerung berichteten die geflügelten Boten vom Plan der Feinde und Türling bat die Vögel, sie mögen die Bienenvölker aufrufen, um an die Grenze zu fliegen. Jeder Hof hatte mindestens einen Bienenkorb, meistens aber vier oder fünf. In Windeseile flogen die Botschafter ins Land, riefen die Kämpferbienen auf, sofort nach Norden zu fliegen und dort jeden Reiter zu stechen, die Pferde aber zu verschonen.

Bei Sonnenaufgang sammelte sich das Heer des Feindes unter der Führung von Douglas und Maurice. Sie schauten nach Süden und bemerkten eine dunkle Wolke, konnten jedoch nicht wissen, dass dort Tausende von Bienen auf sie zuflogen. Die Reiter setzten sich in Bewegung und ritten ahnungslos in die Wolke hinein. Die Bienen stachen ohne Erbarmen, zuerst die beiden Anführer und dann die Ritter, die wild um sich schlugen und es dadurch noch schlimmer machten. Manche sprangen vom Pferd, wälzten sich im Gras, andere suchten den Fluss auf. Es war ein Heulen und Schreien, wie man es von Soldaten kaum vermutet hätte. Die Stiche gingen ins Gesicht, in den Nacken, auf die Hände und unter die Schottenröcke, jedoch kein einziges Pferd wurde verletzt.

Inzwischen war das kleine Heer mit erhobenen Schildern anmarschiert und fand ein Chaos vor. Viele Ritter flohen zu Fuß über die Grenze, andere standen bis zum Hals im Wasser, ganz wenige versuchten, beritten zu fliehen. Auf diese schoss das Heer und es gelang, fast alle Pferde zu fangen. Der tapfere Douglas war einer der Ersten, die in die Burg flohen und sich die Stacheln der Bienen herausziehen ließen; Maurice folgte ihm, von fluchenden Fußsoldaten umgeben, denen er vergebens befahl, die Pferde einzufangen. Statt dessen rissen sich die Ritter ihre Rüstung vom Leib, um die Bienen loszuwerden, die dort zwischen Haut und Hemd saßen.

Die Schlacht war vorbei, Oswald hatte keinen einzigen Mann verloren, dafür die besten Pferde gewonnen, und seine Truppe ritt stolz zum Schloss zurück. Türling sandte eine Brieftaube mit Dankesgrüßen an Glending, der sich die Hände rieb, als er das Elend der Raubritter sah. Oswald hatte Ruhe bis zum Frühling, dann kam die Botschaft, die Feinde planten einen Angriff auf der ganzen Länge der nördlichen Grenze, dort, wo der die fruchtbarsten Felder lagen.

Glending wartete nicht mit seinem Ratschlag. Er sandte einen Brief direkt an Oswald, dieser möge die Bauern auffordern, ihren Mist an die Grenze zu schaffen, und Soldaten zu Hilfe schicken. Ja, die Ställe mussten nach dem Winter gründlich ausgemistet werden, und mit Pferd und Wagen schafften die Männer die stinkende Last auf die Felder an der Nordgrenze. Von der Burg aus sah die Arbeit ganz wie normal aus.

In der Nacht fuhren die Stallknechte Wagen mit Pferdemist an die Grenze und füllten die Lücken. Vom Süden rollten immer mehr Karren jeder Art an, bis ein breiter Haufen die Länge der Grenze markierte. Dann setzte Regen ein und verschob den Angriff.

Glending schickte Träume in die Köpfe von Douglas und Maurice. Träume, in denen blank geputzte Stiefel und tadellose Uniformen eine Rolle spielten, und tatsächlich gaben die Herren Befehle, das Lederzeug zu wichsen und die Waffen auf Hochglanz zu putzen.

Kaum endete der Regen, da wurde zum Aufmarsch geblasen, und die Truppen standen in lang ausgestreckter Linie an der Grenze. Die ersten hundert Meter wurden im Sturmschritt erobert, dann aber sanken die Soldaten in den Schlamm und sahen sich vor den Misthaufen stehen. "Los, klettert rauf!", schrieen die Offiziere. Mit Widerwillen stiegen die Mannen auf den Mist, viele sanken ein, die Stiefel blieben stecken und mit bloßen Füßen versuchten sie, aus den tiefen Haufen herauszukommen. Dabei ging so manche Waffe verloren.

Hinter dem Mist aber waren die Einheimischen versteckt, und mit Pfeil und Bogen schossen sie auf die wenigen, die das Hindernis überwinden konnten. Panik setzte ein. Es erklangen Schreie der Wut und Verzweiflung. Die blank geputzten Waffen nützten nichts, weil deren Träger im Mist steckten und nicht zielen konnten. Es kam zum Rückzug und keine Prügel vermochten die nasse und schmutzige Truppe zu einem zweiten Angriff zu bewegen.

Die strahlende Sonne schien auf das verlassene Schlachtfeld. Die Bauern gingen befriedigt zu ihrem Kompost und fanden dort manches Schwert und viele ausgezeichnete Stiefel, einen wahren Beuteschatz.

In der Ritterburg brüteten die Feinde aber einen neuen Plan aus, und wäre Glending nicht als unsichtbarer Lauscher dabei gewesen, hätte der dritte Angriff schlimm ausgehen können.

Der breite Fluss, der vom Norden her das ganze Land durchzog und nahe am Schloss vorbeifloss, schien den Feinden ein ideales Einfallstor zu sein. In aller Heimlichkeit sollten Flöße gebaut werden, auf denen die Truppen zum Schloss treiben sollten, um den Kampf ins Herz des Landes zu bringen. Was war dagegen zu tun? Glending schickte seine Nachricht nicht nur an Türling, sondern auch direkt zu den Undinen und Nymphen; sie sollten wilde Wogen erzeugen, wenn der Krieg begann. Gegen die Flöße selber aber konnten sie nichts ausrichten. Da mussten Gnome und Zwerge helfen, die ihre Messer schärften, um die Taue zu zerschneiden, die die Flöße zusammenhielten. Sie zogen an die Grenze, und kaum war ein Floß im Wasser, da begannen sie schon heimlich, die Taue anzuschneiden. Noch hielten die Hölzer zusammen, unter dem Schwall der Wellen aber würden sie bald auseinander reißen. Oswald ließ ein starkes Wehr dort bauen, wo der Fluss durch einen Wald floss. Hier stellten sich die Bogenschützen auf, und hinter ihnen waren Frauen mit Proviant versteckt, falls die Schlacht lange dauern sollte.

Der große Tag kam, die schwer bewaffneten Truppen bestiegen die Flöße und trieben rasch nach Süden. Da stürmten die Wasserwesen heran, die Wogen schlugen hoch, die Soldaten waren im Nu klitschnass und klammerten sich an die Balken. Zu ihrem Schrecken fühlten sie, wie sich die Taue lösten und die Flöße zerbarsten, gerade an der Stelle, wo der Wald begann. Und jetzt flogen Pfeile vom Ufer her! Hilflos sanken die Feinde ins Wasser, von den schweren Waffen hinuntergezogen. "Ergebt euch!", rief Oswald. Er wollte kein Blutvergießen. Die Ertrinkenden streckten ihre Hände aus und wurden rasch gerettet; die triefenden Männer gaben die Waffen widerstandslos ab. Ein Floß nach dem anderen erlebte das gleiche Schicksal, von Kämpfen war keine Rede.

Die Frauen zündeten große Feuer an und die gefesselten Soldaten durften sich trocknen. Sorgfältig ließ Oswald die Balken aus dem Wasser ziehen, die eroberten Waffen sammeln und zählen. Ja, es war ein lohnender Fang gewesen! Er trat ans Ufer, und mit erhobenen Händen segnete er die Nixen und dankte ihnen. Die Feinde waren verblüfft. Was war hier los? Türling hatte im Verborgenen die Schlacht miterlebt, und nun winkte er den Wasserwesen und Gnomen, sich einen Augenblick lang zu zeigen.

Ja, da rieben sich Freund und Feind die Augen: Nymphen, Nixen Undinen, Zwerge und Gnome winkten; sie schlugen Purzelbäume, wippten und lachten. Dann war der Spuk verschwunden. Oswald wandte sich an die Gefesselten: "Unser Land ist vom Himmel beschützt, weil wir für den Frieden leben. Die Geister des Wassers und der Erde haben uns heute geholfen, vorher waren es die Bienen, die euren Angriff verhindert haben, doch die kostbaren Pferde haben die Bienen geschont. Wir besitzen jetzt viele eurer besten Streitrosse, aber wir setzen sie nicht gegen euch ein. Wenn ihr uns noch einmal angreift, rufen wir Feuer zu Hilfe!"

Der Anführer antwortete: "Von mir aus gibt es kein nächstes Mal, ich wünschte, ich könnte in diesem Land leben. Aus diesen Balken kann man gute Häuser bauen. Bitte, nehmt uns auf! Ihr werdet es nicht bereuen."

Die Gefangenen nickten, sie erzählten von dem Elend unter den Rittern, dem Zwang und den Niederlagen. Ein Hirtenjunge begann Flöte zu spielen, und die Frauen holten Essen herbei. Freunde und Feinde saßen zusammen am Feuer, die Stimmung stieg. "Wir hassen unsere Herren, sie sind Faulenzer. Unser Land könnte auch wohlhabend sein, aber alles liegt danieder. Wir würden verhungern, wenn wir nicht ins Heer gingen! Und wenn wir jetzt nach der neuen Niederlage zurückkehrten, würden wir ausgepeitscht werden."

Nach langer Beratung entschlossen sich die meisten Soldaten, im Land zu siedeln, und die wenigen, die zum Bauernleben keine Lust hatten, wanderten weiter nach Süden, um Abenteuer zu erleben. An Douglas und Maurice ging ein Brief, in dem der Untergang der Flöße beschrieben war und das Ende der Truppe. Danach herrschte eine Weile Ruhe. Glending aber blieb wachsam, er vermutete, es würde ein neuer Plan ausgeheckt werden. Ohne Soldaten und ohne Pferde war ein direkter Angriff fast undenkbar, aber Douglas hatte die teuflische Idee, es mit Gift zu versuchen! Dazu brauchte er die Dienste eines Händlers, der harmlos erscheinen, des Nachts aber die Brunnen im Schloss verseuchen würde und alle Einwohner töten. Eine Handvoll Tollkirschen, Schierling und Arsenik waren beschafft, nur verlangte der Händler eine hohe Belohnung, und so zögerte sich der Anschlag hin. Glending saß unsichtbar in der Halle. Er dachte an die Worte von Oswald, das nächste Mal mit Feuer zu antworten. Wie aber war das so rasch zu schaffen? Und würde dabei diese Burg, in der er seit über hundert Jahren Wache hielt, zerstört werden? Es gab noch reiche Schätze von der Sippe, die vor dem Raub hier gewohnt hatte und auch die Ritter hatten viel erbeutet. Wie konnte all das Gut gerettet werden?

Eine glänzende Idee kam ihm, und sofort schickte er Gedanken in die Köpfe von Douglas und Maurice: Baut eine feuerfeste Truhe, in die alles Wertvolle eingeschlossen wird. Kurz darauf riefen die Ritter einen Schmied, ließen eine Schatztruhe bauen und packten Gold, Schmuck und silberne Geräte hinein. Glending benachrichtigte inzwischen seinen Freund Türling, der seinerseits die großen Raubvögel des Landes zusammenrief und ihnen den Plan mitteilte, wie die Burg der Feinde angegriffen werden könne, ehe der Händler die Brunnen vergifte.

"Wir werden an der Grenze unseres Landes ein Feuer anzünden und Hunderte kleiner Fackeln bereithalten, die ihr in eure Schnäbel nehmt und damit zur Burg fliegt, um das Räubernest niederzubrennen. Wir wollen reichlich Futter für euch mitbringen und Wasser zum Trinken."

Adler, Falken, Geier und Habichte schwärmten aus und ließen sich dort nieder, wohin die Diener Brennholz getragen hatten. Sie fanden langstielige Fackeln vor, und Oswald sorgte dafür, dass die Vögel je nach ihrer Größe passende Fackeln erhielten, die im letzten Moment angezündet wurden, ehe der Flug losging.

In der Halle tranken Douglas, Maurice und der Händler auf das Gelingen ihres Planes, während Glending jedem Diener, jeder Magd und jedem Stallknecht in die Ohren raunte, sie sollten die Burg sofort verlassen, die Katzen, Hunde und Pferde retten und so weit wie möglich fortlaufen; es drohe ein Feuer. Kaum hatte das Gesinde die Vögel gesehen, da rannte es auch schon ins Dorf. Nur die Raubritter ahnten nichts. Sie hatten die Türen verschlossen, um ungestört über ihren teuflischen Plan zu reden. Bald waren sie betrunken.

Die Vögel warfen ihre brennenden Fackeln über der Burg ab. Aus sicherer Entfernung schauten die Diener dem Feuer zu, keiner aber dachte daran, die Herren zu retten, unter denen sie so lange gelitten hatten. Glending hockte in einer hohen Buche, von der aus er das Dach der Halle einstürzen sah. Das bedeutete den Tod der Verschwörer.

Oswald hatte ein Fest für die treuen Vögel vorbereitet, die ihre Aufgabe so rasch erfüllt hatten, und Türling riet ihm, weiße Banner an die Grenze tragen zu lassen, um der Bevölkerung Frieden anzubieten. Die Burg schwelte noch, die Männer und Frauen aber kamen aus ihren Häusern und grüßten die waffenlosen Soldaten mit den Bannern. "Lasst uns die Grenze öffnen!", rief eine Stimme. Von beiden Seiten rissen die Menschen die Barrikaden herunter, umarmten sich und jubelten. Das Wiedersehen der Nachbarn, die früher stets in Freundschaft gelebt hatten, wurde ein wahres Volksfest.

Glending feierte ungesehen mit, er gab den so lange von einander getrennten Schotten die Idee, gemeinsam die verbrannte Burg zu durchsuchen. Und so wurde die Schatztruhe gefunden! Oswald ließ sie öffnen und darin fanden die verarmten Bürger genug Gold und Silber, um das Land wieder aufzubauen. Oswald verwaltete das Gut und sorgte für gerechte Verteilung. Viele der vorher vertriebenen Soldaten kehrten heim, manche der Nachbarn siedelten in Rolands Reich, neue Freundschaften bildeten sich, und Hochzeiten wurden gefeiert.

So waren die vierzehn Jahre vergangen, bis der Rosenkreuzer eines Tages auf das Schloss kam und von Oswald gastlich aufgenommen wurde. Am Abend saßen sie am Feuer und der Wanderer erfuhr die unglaublichen Erlebnisse des alten Statthalters. Voll tiefer Bewunderung fragte er, wie die Zukunft aussähe, und Oswald sprach von den Träumen, die oft von Prinz Roland handelten. "Wir haben den Weg im Wald abgesucht, durch den unser Herr gefahren war, doch es gab keine Spur von ihm und seinem Sohn. Aber er lebt, das spürt auch seine Amme Morag ganz deutlich und es ist höchste Zeit, dass er heimkehrt." "Darf ich das Gemach sehen, in dem der Lord gewohnt hat?", fragte der Alte, und Oswald führte ihn zu einem sparsam möblierten Raum, in dem der Eingeweihte sogleich Spuren der geheimen Zunft sah.

In der großen Halle brannte noch das Feuer, und der Alte bat Oswald, mit ihm zu beten, während er dreimal sonnenweiß um das Feuer schritt und sprach:

Gott vor mir, Gott hinter mir,
Gott über mir, Gott unter mir,
Ich auf Deinem Wege, oh Gott,
Du, oh Gott, in meinen Fußstapfen.
Der Sohn des Königs der Lebendigen
Sei ein Schutz hinter mir,
Er gebe mir Augen zu finden, was ich suche,
Mit Seiner Liebe vor mir,
Mit Seiner Gnade, die nie erlöscht,
Seine Erlösung sei meine Schau immerdar.

Am nächsten Morgen wanderte der Alte zum Caledonian Forest, wo ein Eichelhäher ihm den Weg zur Försterei zeigte, vielleicht ein Abkömmling dessen, der Roland gerettet hatte. Er ließ sich Zeit, den Prinzen zu prüfen, und lehrte ihn manches, was wohl der Vater ihn sonst gelehrt hätte. Der Junge hatte tausend Fragen und er hörte von den Kriegen, der dreifachen Rettung des Landes, dem Untergang der Feinde und von der Treue des Statthalters Oswald.

Inzwischen hatte der Rosenkreuzer den Prinzen in viele Geheimnisse des Bundes eingeweiht. "Wir dürfen niemandem unseren wahren Namen verraten, und wenn einer von uns als Rosenkreuzer erkannt worden ist, muss er noch in derselben Nacht die Stätte verlassen und sich unter einem neuen Namen anderswo niederlassen. So ist es auf dem Kontinent. Hier in Schottland bist du freier, aber hüte dich, die Geheimnisse auszuplaudern, du verlierst dadurch an Kraft. Schweigen erzeugt innere Gelassenheit und Macht. Denke daran, wie Jesus vor seinen Richtern schwieg!"

Herr Guteman sprach von dem Köhler, und der Alte machte sich zu dessen Wohnstatt auf. Es war kein weiter Weg, die kleine Lichtung mit dem Kohlenmeiler lag aber tief im Dickicht, eine elende Hütte stand dort und aus dem Meiler kam Rauch. Der Köhler hatte zuerst Angst vor dem Besucher, dieser aber brachte ihm ein frischgebackenes Brot und eine Salbe für die alten Brandwunden. Da taute der einsame Mann auf und sprach von dem Unfall, von der Hilfe des Jungen und der wunderbaren Gastfreundschaft der Försterleute.

"Früher habe ich sie alle gehasst, weil es ihnen so gut ging und oft bin ich heimlich an den Waldrand gegangen und sah, ob ich mir nicht ein Huhn stehlen könne oder gar eine Gans; die laufen ja alle frei herum, aber irgendwie konnte ich's nicht. Da war so etwas wie ein unsichtbarer Schutz um den Ort." Der Rosenkreuzer schaute den Köhler mit einem Blick an, der ihn zwang, die Wahrheit zu sagen. "Mein Wunsch war es, den Jungen zu stehlen, der etwas Strahlendes an sich hat, und ich dachte, für den würde ich viel Geld bekommen. Oft kam er nahe an mein Versteck, ich hätte ihn greifen können, doch als ich die goldbraunen Augen sah, lief mir ein kalter Schauer den Rücken hinab. Das ist kein gewöhnliches Kind, dachte ich. Und was wäre passiert, wenn er mich später nicht hätte retten können? Ich wäre elendig verbrannt." Er zeigte dem Alten die Beine mit den Narben und dieser trug die heilende Calendulasalbe auf.

Es war die Absicht des Alten, den Mann auf seine Gesinnung zu prüfen, und er fragte: "Wie steht es jetzt? Schleichst du noch immer um die Försterei herum?"

"Ja, aber nicht um zu stehlen. Die Leute waren gut zu mir, ich will ihnen einfach zuschauen, und vielleicht kann ich einmal etwas Gutes für sie tun."

"Mein Freund, du hättest bald die Möglichkeit dazu. Herr Guteman soll mit seiner Frau und dem Jungen zur Hauptstadt reisen, und sie brauchen einen verlässlichen Mann, der die Tiere füttert und den Hof bewacht. Traust du dir das zu?" "Oh ja, ich habe ja genau gesehen, was da jeden Tag getan werden muss. Bitte lasst mich da wohnen! Den Meiler kann ich leicht nebenbei betreuen."

Da nahm der Alte ein Amulett aus der Tasche und hängte es dem Köhler um den Hals. "Dieses Zeichen der Treue gehört jetzt dir. Solltest du in Not kommen, so hänge es dem Eichelhäher um, der täglich zum Forsthaus fliegt, und schicke ihn auf den Weg zu mir. Ich bringe sofort Hilfe. Und sollte der Teufel selber kommen und dich in Versuchung führen, nimm das Amulett in deine Hand und bete."

"Das habe ich noch nie in meinem Leben getan. Wie betet man?" "Du faltest deine Hände und sagst:

Gott sei bei uns
An diesem Tag, AMEN.
Gott sei bei uns
In dieser Nacht,
AMEN"

"Wer ist mit 'uns' gemeint?", fragte der Köhler, und der Alte erklärte, wie alle Tiere in der Försterei und im Walde Schutz brauchten. Auch unsichtbare Wesen seien im Gebet mit eingeschlossen.

Inzwischen waren Boten bei Günter Guteman mit einer Einladung zum Schloss eingetroffen, die für Roland ein prächtiges Festgewand mitbrachten. "Alleine gehe ich nicht", sagte dieser, "ohne euch will ich nicht reisen, ihr seid meine wahren Eltern!" Maria kamen Tränen in die Augen. "Kleines Findelkind, wir kommen natürlich mit bei deinem ersten Schritt in die weite Welt!" Der Förster gab Roland den Kasten mit den kostbaren Edelsteinen und den anderen Schätzen. Der Alte kam hinzu, und an diesem Abend lasen sie gemeinsam das Ende des Buches von Paracelsus, ehe es verpackt wurde.

„Und was letztendlich die allertiefste Ursache ist, das ist uns verborgen. Doch wenn das Ende der Welt herannaht, dann werden alle Dinge geoffenbart werden: vom Ersten bis zum Letzten, was ein jedes war oder ist, warum es dort gestanden hat oder gegangen ist, aus welcher Ursache und was es zu bedeuten hat. Und alles, was auf der Welt ist, das wird eröffnet werden und an den Tag kommen. Dann werden die gründlich Gelehrten erkennbar werden und die Schwätzer, diejenigen, die Kraft der Wahrheit geschrieben, und die, die aus der Unwahrheit gehandelt haben, die mit Grund und die mit Ungrund. Und ein jeglicher wird gewogen nach seinem Fleiß, nach seinem Ernst, nach seiner

Wahrheit. Denn da wird das Unkraut vom Weizen gesondert werden und die Spreu vom Korn. Wer jetzt schreit, der wird dort still werden, wer jetzt die Seiten zählt, dem wird dort die Feder aus der Hand genommen. Und alle Dinge werden offenbar werden, ehe der Jüngste Tag kommt. Selig werden die Leute sein in jener Zeit, denen alle Einsicht wird offenbar werden. Denn alle Menschenherzen und was sie hervorgebracht haben, werden offenbar werden, als stünde es einem jeden auf der Stirn geschrieben. Jener Zeit befehl ich an, über meine Schriften zu urteilen, auf dass nichts verschwiegen bleibe, wie dann auch geschehen wird. Denn Gott macht das Licht offenbar, d.h. ein jeder wird dann sehen, wie es geleuchtet hat."

Damit war das Ende des Buches erreicht und die Lehrzeit des Findelkindes abgeschlossen.

Der Köhler kam bescheiden zur Hintertür und bat, sich wieder ein Bett im Stall machen zu dürfen. Maria zeigte ihm, wo das Futter für die Tiere war, und erlaubte ihm, sich aus der Speisekammer alles zu holen, was er brauche. Sie staunte, welche Veränderung in dem Mann vorgegangen war. Dann kam der Abschied, und die Reise begann.

Auf dem Dach des Schlosses sonnten sich die Hausgeister Türling und Glending. Ein köstlicher Duft zog aus der Küche herauf, in der für das kommende Fest gebacken wurde, und in den Ställen sangen die Knechte beim Striegeln der Pferde. Oswald war dem Prinzen entgegengeritten, und im ganzen Land herrschte ein Fieber der Vorfreude.

"Was können wir dem Findelkind zur Ankunft schenken?", fragte Türling versonnen und runzelte die Stirn. Ein Schweigen folgte und dann setzte sich Glending plötzlich auf und sagte: "Wir werden einen Regenbogen zaubern!" Türling strahlte: "Eine glänzende Idee! Lass uns die Schwalben rufen, die geben die Botschaft am schnellsten weiter. Jede Schwalbe hat ja eine Sylphe als Begleiterin und die sind den Regenwolken nahe. Aber es ist keine Zeit zu verlieren."

Unter den Giebeln wohnten viele Schwalben, und die Geister riefen ihnen die Botschaft zu: "Ehe der Prinz zum letzten Dorf kommt, müssen die Regenwolken hier sein, und die Abendsonne kann dann einen

Regenbogen über das Schloss zaubern." Da flitzten die Schwalben in die Luft, da glitzerten die Sylphen in bläulichem Schein, und kaum war eine Stunde vergangen, da zog schon eine graue Regenwolke aus der Ferne heran.

Aus dem Wald kam eine kleine Prozession: der Prinz Roland mit den Försterleuten, dem Rosenkreuzer, und Statthalter Oswald kam mit einigen Berittenen herbei. Am Wege standen die Einwohner in ihren Sonntagskleidern und jubelten dem Erben zu. Kinder warfen Roland Blumen hin, und der junge Mann wanderte wie im Traum in das offene Tal. Die Sonne schien aus dem Westen, und alles schien wie vergoldet; nie hatte das Findelkind sich die weite Welt so schön vorgestellt.

Oswald kam aus dem Staunen nicht heraus. Dieser Prinz sah seinen Eltern unglaublich ähnlich, und von seiner Stirn glänzte Klugheit, in den goldbraunen Augen lag Güte. Das Dorf lag im Abendsonnenschein und dahinter das Schloss. Aber in diesem Augenblick zog eine graue Wolke herbei und schien vor ihnen stillzustehen, um sich nur ein paar hundert Meter vor ihnen zu entladen.

"Ein Regenbogen!", jubelten die Kinder. "Ein Bringer des Glücks!", sagten die Dorfbewohner. Roland schaute auf das Farbenwunder und wünschte im Stillen, er möge die Erwartung dieser vielen Menschen erfüllen. Der kleine Trupp stand schweigend da und staunte den Regenbogen an, der sich über das Dorf und das Schloss wölbte.

Der Alte war der einzige, der etwas davon ahnte, wie es zu diesem Wunder gekommen war. Er hatte das Hellsehen erlernt und wusste, dass hinter allen Dingen WESEN sind, gute und böse, und er hoffte, die guten Geister des Landes würden dem jungen Herrscher weiterhin helfen, so wie sie Oswald stets geholfen hatten.

Originalerzählung

# Der Wunsch

Der arme Angus wusste nicht mehr aus und ein, sein Haus am Berghang war brüchig, sein Acker war steinig, das Wetter war widrig und was das Schlimmste war, seine geliebte junge Frau weinte bitterlich und wollte sich nicht trösten lassen. Angus hatte seine Katie-Marie vor fünf Jahren geheiratet, und seine Liebe zu ihr war mit jedem Jahr gewachsen, aber Katie-Marie wünschte sich Kinder, und bisher war all ihr Beten umsonst gewesen. Jeden Tag stellte sie dem Hauswichtel einen Teller mit Haferbrei hin, jeden Abend rief sie die heilige Brigid an, und am Sonntag in der Kirche wurde von ihr eine Kerze für Mutter Maria angezündet, aber es half alles nichts, das Baby blieb aus.

Dann aber traf ein erneutes Unglück den armen Angus: Der Schwiegervater wurde aus seiner Hütte vertrieben, weil er die Arbeit für den Lord und Landherrn nicht mehr leisten konnte. So zog er mit seiner alten Frau in die gute Stube von Angus, und damit war der Hausfriede zu Ende. Was die jungen Leute auch taten, es war den Alten niemals recht und in seiner Verzweiflung stieg Angus auf den Feenhügel, breitete die Arme aus und rief:

„Oh Brigid, Tochter des Dughall Donn,
Sohn des Hugh, Sohn des Art, Sohn des Gönn.
Jeden Tag und jede Nacht
Meditiere ich deinen Stammbaum _
Und das schützt mich vor dem Tod
Vor aller Krankheit, vor allem Zauber.
Christus wird mich nicht verlassen,
Satans Feuer wird mich nicht brennen,
Weder See noch Meer mich ertränken,
Denn ich bin unter dem Schutz der Maria,
Und meiner sanften, zärtlichen Amme, Sankt Brigid.”

Es war ganz still um ihn, sein Herz klopfte vernehmlich in seiner

Brust, aber das Gebet hatte ihm den Mut gegeben, dreimal an die Tür des Feenhügels zu klopfen. Ein verschlafenes Männlein öffnete einen Spalt und lugte heraus. "Ach, du bist es, armer Angus! Was treibt dich her zu mir?", fragte der Wichtel und rieb sich die Augen. Angus betrachtete den Zwerg, der mit einer spitzen Mütze, einem grünen Wams und braunen Hosen vor ihm stand. "Verzeiht die Störung, aber ich brauche Hilfe", sagte Angus flehend. "Du bist immer gut zu uns gewesen", erwiderte der Zwerg, „deshalb hast du einen Wunsch frei Komme morgen in der Früh wieder und sage mir, was du haben willst. Denke aber sorgfältig nach, denn ich kann dir nur einen einzigen Wunsch erfüllen."

Die Tür schloss sich geräuschlos, und Angus wanderte heim. Dort erzählte er, was er erlebt hatte, und Katie-Marie rief: "Du weißt doch, was ich mir wünsche! Wir wollen ein Kind haben!" Aber ihre Mutter warf mit scharfer Stimme ein: "Wie kannst du dir ein Kind wünschen, wenn ihr nicht einmal eine Wiege habt." Und der Schwiegervater grollte: "Dummes Zeug, Angus, dummes Zeug! Hör nicht auf die Weiber. Wünsche dir Gold, das ist das einzige, was du brauchst, Gold! Hier auf Erden ist nun einmal das Gold das A und O im Leben und wehe, wenn du mir nicht gehorchst."

Angus wälzte sich in seinem Bett hin und her. Was sollte er tun? Wem sollte er folgen? Wie konnte er seiner geliebten Frau ihren heißen Wunsch versagen? Gegen Morgen schlief er ein und hatte einen herrlichen Traum. Er lächelte im Schlaf, und Katie-Marie blickte voller Liebe auf ihren Mann; er würde schon den richtigen Wunsch aussprechen.

Sie suchte im Hühnerstall nach Eiern und kochte Angus ein besonders gutes Frühstück, gab ihm einen Kuss und winkte ihm nach. Mit beflügelten Schritten eilte dieser zum Feenhügel, klopfte an die Tür und erwartete das Männlein. "Nun, armer Angus, hast du einen Wunsch?", fragte es und rieb sich die kleinen Hände. "Ja: ich wünsche für meine Schwiegermutter ein gesundes Enkelkind in einer goldenen Wiege!"

Wollt ihr, liebe Leser, wissen, wie diese Geschichte weitergeht? Nun, ihr werdet dort oben am Berghang zwei neue Häuser sehen, das eine Haus hat einen Stall daneben, mit wohlgenährten Kühen darin, und einen prächtigen Garten, in dem ein Büblein spielt. Vor dem anderen Haus sitzen die alten Leute, der Großvater raucht zufrieden seine Pfeife, die Großmutter ist beim Stricken. Und keiner nennt den glücklichen jungen Vater mehr 'armer Angus'! Der Wichtel aber bekommt jeden Abend einen Teller Haferbrei mit süßer Sahne von Katie-Marie.

# Der Knabe mit den zehn Augen

Vor langer Zeit lebte ein junger König in Schottland, der eine große Liebe zu einer Prinzessin hegte, die fern von ihm wohnte. Der Weg zu ihrem Reich führte durch einen tiefen Wald, in dem uralte Bäume standen und der von wenigen Wegen durchkreuzt war. Der König füllte eine Truhe mit wertvollen Schätzen für die Braut, das kostbarste Juwel trug er aber in seinen eigenen Händen. Es war ein goldener Ring mit einem Rubin, der in Form einer Rose geschliffen war.

Auf die Reise nahm er seine besten Ritter mit und den weisen Ratgeber Erin, der den Weg gut kannte. Der König ließ die Sonne auf den Ring scheinen und freute sich über den Glanz, während seine Gedanken bei der Prinzessin verweilten. Er dachte, sie könne seinen Antrag nicht abweisen, wenn sie diesen Ring sähe, denn der Rubin leuchtete so hell wie seine Liebe. Aber der Wald wurde dunkler, die Bäume höher, und Wurzeln streckten sich über den schmalen Weg. Plötzlich strauchelte sein Pferd, und der kostbare Ring flog auf die Erde. Die Ritter knieten sich hin und suchten den Boden ab, doch der Ring blieb verschwunden. Fackeln wurden angezündet, aber alles Suchen war vergebens, und der König war untröstlich.

"Ich kenne einen Förster, der nicht weit von hier wohnt. Er hat drei Söhne und man sagt, der Älteste habe zehn Augen, mit denen er alles finden kann, was verloren ist", sagte Erin. Die Ritter schlugen ein Lager auf, während der Knabe geholt wurde. Denis war blind von Geburt an, und als er von der Not des Königs hörte, folgte er dem Ruf gerne. "Herzlich willkommen, Denis!" sagte der Herrscher. "Bitte hilf mir, meinen Ring zu finden. Du sollst reich belohnt werden." "Ich habe alles, was ich brauche. Ich brauche keinen Lohn, doch sagt mir genau die Stelle, an der das Pferd stolperte." Dort angekommen stand er ganz still und faltete die Hände. Die Ritter hielten den Atem an. Plötzlich hockte Denis sich hin und suchte unter den Blättern, hielt inne und lauschte, suchte weiter unter der Schicht feuchter Blätter, und die zehn Finger folgten der Wurzel, fanden ein Mauseloch, und nun hörte er ein feines Piepsen. Eine Maus! Sie hatte den Ring in ihr Loch gezogen, und es gelang Denis, ihn dort zu finden und heil herauszuziehen.

Im Schein der Fackeln strahlte der Rubin, und tief dankbar nahm der König den Ring entgegen. Er gab Denis seinen vollen Geldbeutel und sprach: "Hier ist dein Lohn; verwende das Geld, um die beste Schule im Land zu besuchen, und wenn du ausgelernt hast, komme an meinen Hof, denn es gibt so manche Aufgabe, die nur ein Mann mit zehn Augen lösen kann. Gott segne dich und deine Familie! Du hast heute bewiesen, dass du unter einem Teppich von Blättern mit den Händen etwas entdecken konntest, was meine Ritter mit ihren Augen nicht sahen, und mit den Ohren hören, was wir nicht hörten. Gott segne deine Hände."

Der Förstersohn wurde in der Tat zehn Jahre später Ratgeber am Hofe des Königs, auf dem die schöne Prinzessin jetzt lebte und täglich den goldenen Ring trug. Der König wurde nie müde, seinen Söhnen diese Geschichte der Brautfahrt zu erzählen.

# Das singende Herz

Es war einmal ein Königreich in Schottland, welches von einem König regiert wurde, der die Musik über alles liebte. Er lud die besten Sänger und Musikanten in sein Schloss ein, die zu finden waren, ganz gleich, aus welchem Lande sie kamen. Am Abend wurde das Feuer in der großen Halle angezündet, die Kerzen brannten und die Musiker spielten zum Tanz auf oder ein Barde zupfte die Harfe, erzählte Geschichten und sang Balladen.

Die Königin umgab sich mit jungen Frauen, die eine schöne Stimme hatten, und so erklangen Lieder bei der Arbeit, die das Leben am Hof zu Freude machten. Groß war das Glück, als ihr eine Tochter geboren wurde, die bei der Taufe den Namen Lucy erhielt. Das Volk feierte ein großes Fest, und ein Chor sang für das Kind auf Gälisch, Englisch und Lateinisch.

Lucy begann zu singen, ehe sie sprechen konnte, und die Musiker wetteiferten mit neuen Kompositionen für sie und ihre Gespielinnen.

Je älter sie wurde, je mehr zeigte sich auch ihre Liebe zu den Tieren. Früh am Morgen öffnete sie ihr Fenster und fütterte die Vögel, die aufs Fensterbrett flogen. Im Sommer ritt sie mit den Maiden aus, nachdem jede ihr Pferd vorher gestriegelt und gefüttert hatte.

Kein Tag verging ohne Musikstunden. Lucy wählte die Silberflöte als ihr Lieblingsinstrument, Mathilde die Geige, Flora das Cello, Janet die Bratsche und Hilda die Harfe. Der König lud die besten Lehrer ein, die viel von den Kindern verlangten, denn es galt gute Musik zu spielen, wozu fleißiges Üben nötig war. Ihre freie Zeit verbrachten sie im Garten, in dem Johannes die Blumen betreute. Er kam aus Frankreich. Von dort hatte er seltene Blumensamen mitgebracht. Die Kinder spielten gerne bei ihm, denn er war auch ein Meister im Erzählen von Geschichten.

Am Ostersonntag, als Lucy zwölf Jahre alt war, waren die Mädchen zum Ostereiersuchen in den Garten gerufen worden, und bald hatte jedes von ihnen ein Körbchen gefüllt. "Noch fehlen die besten Ostereier", rief Johannes ermunternd, "ich sah den Osterhasen heute früh bei der Arbeit." Da liefen die Kinder in alle Ecken und suchten, Lucy aber sprang in den Rosengarten, in dem sie etwas leuchten sah. Ehe Johannes sie halten konnte, war sie zwischen den hohen Rosenstöcken verschwunden. Dort lag ein Stück blankes Glas, zu dem Lucy sich hastig bückte. Oh weh! Die Dornen stachen sie in ihre Augen, und von diesem Tage an war Lucy blind.

Kein Arzt konnte helfen, die Eltern waren untröstlich, und es war Lucy selber, die ihnen versicherte, dass sie in der Musik genug Lebensfreude finde könne. "Ich kann singen und Flöte spielen, ich darf reiten, und ich habe meine Freundinnen," sagte sie, aber des Nachts, wenn sie alleine war, dann weinte sie oft bitterlich. Würde sie nie wieder die Sonne sehen, keine Blume erkennen, kein neues Gesicht erblicken? Was nützte es, wenn man ihr von bunten Kleidern erzählte, die sie nicht sehen konnte? Dann schlug sie wohl mit der Faust auf ihr Kissen und zürnte dem Herrgott.

Unter den Schlossbewohnern war Johannes derjenige, der ihren geheimen Kummer ahnte. Er machte sich bittere Vorwürfe wegen ihres Unfalls. Im Garten achtete er darauf, dass nie ein Werkzeug auf den Wegen lag, und er betreute das Sommerhaus, in dem Lucy gerne allein saß und Flöte spielte. Einmal sah er, wie sie bitterlich weinte. Leise schlich er davon und ging in sein Gärtnerhaus, in dem seine Katze kürzlich drei Junge geboren hatte. Er tat sie in einen Korb und trug sie zum Sommerhaus, dabei pfiff er laut, um Lucy zu warnen. Diese wischte die Tränen ab, und als die Kätzchen vor ihr standen, tastete sie die winzigen Tierchen ab und meinte zögernd: "Die sind ja blind! Wie können sie so vergnügt sein?"

"Sie spielen den ganzen Tag, wenn sie nicht schlafen oder trinken. Und wenn sie erst alt genug sind, um selber zu trinken, darfst du dir ein Kätzchen aussuchen." Da begann Lucy zu singen und ihr Kummer verschwand.

Jeden Nachmittag verbrachte Lucy mit den Kätzchen, und Johannes saß bei ihr und erzählte Märchen. Es waren ganz besondere Rosenkreuzermärchen und andere Märchen, die er in Frankreich von den Troubadouren gehört hatte, und zum erstenmal hörte Lucy von Aschenputtel und Schneewittchen, von Dornröschen und Rotkäppchen. Sie erfuhr, dass die Goldmarie zwar tief in einen Brunnen gefallen, aber oben auf der Himmelswiese ankommen war. Dort wo Frau Holle sie die Kissen schütteln ließ, damit es auf Erden schneite. Und ganz langsam begann sie zu ahnen, wie Leid und Schmerz zum Leben dazugehören und dass am Ende das Gute über das Böse siegt.

Im ganzen Königreich wussten die Leute davon, dass die Prinzessin Tiere liebte, und man brachte ihr verletzte Vögel oder Kleintiere, die Lucy auf den Schoß nahm, um sie zu streicheln und für sie zu singen. Zum Erstaunen aller wurden viele Tiere geheilt, und Lucy sagte zu ihrer Mutter: "Wäre ich nicht blind geworden, hätte ich kaum entdeckt, dass meine Stimme heilen kann." Die Königin antwortete: "Es ist nicht nur deine Stimme, es ist deine liebende Seele, mit der du heilen kannst, es ist dein singendes Herz."

Eines Tages kam ein junger Prinz an den Hof, der hörte Lucy im Garten singen. Er ging zum König und hielt um ihre Hand an. "Weißt du nicht, dass die Prinzessin blind ist? Überlege es dir gut, ehe du dich entscheidest. Es ist besser, Lucy lernte dich gar nicht erst kennen, als dass du sie enttäuschtest." Der Prinz ging in den Garten, in dem er Johannes beobachtete, der beim Apfelpflücken war und die besten Äpfel ins Sommerhaus legte, ehe er den Korb wegtrug. Kurz darauf kam Lucy, die sich an ihren gewohnten Platz setzte und die Äpfel verzehrte. Johannes brachte drei Kätzchen, und nun vermochte der Prinz zu sehen, mit welcher Freude und Zärtlichkeit Lucy spielen konnte. Sie lachte vergnügt, ohne zu ahnen, dass jemand sie beobachtete. "Heute darfst du dir eine der Katzen aussuchen", meinte Johannes, ehe er mit seinem Märchen begann. Während sie den Sterntalern lauschte, tastete Lucy jedes der drei Jungen ab, nahm das kleinste und schwächste Tier auf den Schoß und streichelte es. Es war kein Zweifel, welches

Kätzchen Lucy gewählt hatte und auch nicht, wie tief sie bewegt war von der Geschichte des armen Kindes. Lucy sagte: "Dieses Kätzchen möchte ich behalten, es soll Efil heißen".

"EFIL? Das bedeutend LIFE, von hinten gelesen!" "Ja, deshalb nenne ich es so; mein Kätzchen ist schwach und braucht viel von meiner Kraft, um am Leben zu bleiben."

An diesem Abend sprach der Prinz von seiner Liebe zu Lucy. Der König rief sein Kind herbei. Der Klang der Stimme des Prinzen, die Wärme seiner Worte erweckten ihr Zutrauen, doch war sie noch zu jung, um zu heiraten, und der Prinz versprach, in einem Jahr wiederzukommen.

Vor seiner Abreise suchte er Johannes im Garten auf und fragte, ob er bei Lucy bleiben würde, wenn sie in sein Land käme. "Wenn ich dort auch einen Garten betreuen kann, komme ich gerne." Der Prinz schaute sich um und sagte: "Ist es möglich, genauso einen Garten in meinem Reich anzupflanzen? Hier kennt Lucy jeden Weg, und es würde ihr helfen, einen ähnlichen Garten bei mir zu finden."

Da strahlte Johannes und rief: "Ich werde um Urlaub bitten, damit ich eine Anlage bauen kann, die genau diesem Garten entspricht. Ein Monat genügt, dann können Eure Gärtner ihn ohne mich fertig anpflanzen."

Das Jahr verflog rasch; Lucy lernte alles, was sie als zukünftige Königin wissen musste, und sie bereitete sich zur Hochzeit vor. Es wurde ein heiteres Fest mit viel Musik und Gesang. Die Brautjungfern und Johannes reisten gemeinsam mit ihr nach Süden, und dort erlebte Lucy die größte Überraschung: Sie fand einen Garten vor, in dem ihr jeder Schritt bekannt war; auch ein Sommerhaus stand darin.

Jahre vergingen, drei Söhne wurden geboren und Lucy war erfüllt und glücklich. Wenn sich der Hof versammelte, saß sie an der Seite des jungen Königs. Er hörte gern auf ihren Rat, denn sie vermochte an der Stimme der Bittsteller zu erkennen, ob sie die Wahrheit sprachen; sie erkannte jede Form der Schmeichelei oder Lüge. Nur in einem Punkt konnte sie ihren Gatten nicht überzeugen: Sie warnte ihn vor seinem jüngeren Bruder, dessen Eifersucht sie deutlich spürte, doch vergebens; er vertraute ihm blindlings.

Der Bruder lud zu einer Jagd ein, und wieder warnte Lucy den König. Es war klares Herbstwetter, und die Jagd lockte den König, der mit Pferden und Hunden in den Wald ritt, ohne auf sie zu hören. Lucy rief Johannes, und heimlich folgten sie dem bunten Zug. Der Bruder trennte sich nach einer Weile von den anderen, und es gelang ihm, ein Wildschwein aufzuspüren und gegen den König zu treiben. Der Angriff kam unerwartet und das Tier streckte den König zu Boden.

Die Hörner klangen und Lucy fand ihren Gatten bewusstlos am Boden. Sie legte ihre Hände auf sein Herz und begann zu singen, während Johannes Heilkräuter pflückte und sie auf die Wunde legte. Der Bruder heuchelte Mitleid, versprach, einen Doktor zu holen, nachdem der Kranke ins Schloss getragen worden war. Lucy aber hörte an seiner Stimme, dass seine Worte Lügen waren: Der Arzt war ein Giftmischer! Inzwischen hatte Johannes von einem Diener gehört, wie der Bruder das Wildschwein selber zum Angriff angestachelt habe. Da rief Lucy ihre drei Söhne herbei, die sich zum Vater setzten und mit ihr die heilenden Lieder sangen; den Arzt ließ sie nicht ins Gemach.

Johannes hielt Wache, und in aller Stille dichtete er eine Ballade, in der die Ereignisse im Wald und im Schloss geschildert waren. Nun rief er die treuen Gespielinnen der Königin aus ihrer Kindheit zu sich, die inzwischen herangewachsen waren und am Hof Lied und Musik pflegten.

Er las ihnen die Ballade vor. "Oh, dazu kann ich auch ein Lied singen!", rief Mathilde. "Zweimal hat der Bruder versucht, mich zu bestechen, um Zugang zu Lucy zu bekommen, aber ich täuschte Unwohlsein vor." "Mir ging es ähnlich und ich habe mich dumm gestellt", sagte Flora. Janet lachte dazu und erzählte, der Bruder des Königs habe ihr schöne Augen machen wollen; Hilda aber wurde ernst: "Dieser Mann hat Macht im Schloss, und es kommt darauf an, dass wir seine Kumpane loswerden. Wie aber können wir sicher sein, die Richtigen zu erkennen?"

In diesem Augenblick trat Lucy hinzu: "Der König ist erwacht! Er wird leben." Johannes erzählte ihr, er habe eine Ballade gedichtet, die den Verrat schildere, und fragte, wie man die Anhänger des Bruders bloßstellen könne. "Schickt sie einzeln zu mir in mein Zimmer, ihr aber übt die Ballade ein, damit sie abends vor allem Gesinde gesungen werden kann."

Der König war vom Schlaf erfrischt, und umgeben von seinen Söhnen saß er aufrecht im Bett. Lucy konnte gehen. Sie empfing die vermuteten Anhänger des Verräters in Gegenwart der jungen Frauen. Von jedem ließ sie sich schildern, wie er die Jagd erlebt habe, und an der Stimme erkannte sie, wer treu oder untreu war. Letzteren gab sie verschiedene Aufgaben: Einer musste den Arzt begleiten, der weit weg wohnte, ein anderer sollte von einer Heilquelle Wasser holen, ein Dritter aus dem nahen Kloster den Abt mit zwölf Mönchen herbringen; jeder aber musste schwören, unverzüglich das Schloss zu verlassen.

Kaum waren diese Männer fortgeritten, da atmete jeder auf. In der Küche wurde ein Fest vorbereitet und die Köche sangen dabei, im Garten schnitten die Gehilfen frische Blumen und pfiffen vergnügt. Die jungen Frauen übten die Ballade und fügten noch manchen Vers hinzu; dem Bruder wurde die Botschaft geschickt, er möge abends im Festgewand erscheinen, um die Genesung des Königs zu feiern. Er ahnte nichts.

Lucy ging ins Krankenzimmer und fand die drei kleinen Kinder schlafend auf dem Bett des Vaters vor. Sie begann ihr Lied zu singen, welches so oft Heilung gebracht hatte. Dann legte sie ihre Hand auf sein Herz und sprach ein Gebet. Das Gebet wirkte wie ein Wunder; Mut und Kraft flossen ihm durch die Adern, und treue Diener trugen ihren Herrn abends in die Halle. Dort stand der Abt mit zwölf Begleitern; die Frauen begannen die Ballade, die den Verrat bewies. Der Bruder erblasste, seine Augen suchten seine Gesellen, doch keiner war da, ihm zu helfen. Er wollte fliehen, da stand Johannes vor ihm und rief: "Auf die Knie und beichte!"

Vor allen Ohren bekannte er seine Tat, und der Abt legte ihm zur Busse eine Pilgerfahrt nach Rom auf, allein und ohne Pferd. "Ehe du gehst, teile mit uns diese Mahlzeit, mein Bruder", sprach der König. "Du wirst Vergebung finden. Heute wollen wir das Wunder meiner Heilung gemeinsam feiern, das Wunder des singenden Herzens. Es ist die Liebe, die den Blinden sehend macht und die Musik, die Krankheiten heilt."

Von diesem Tage an herrschten Friede und Freude im Land.

# Bienen, die Herren der Weisheit

„Worin besteht die Weisheit der Bienen?", fragte ein Schotte den Dichter Fiona MacLeod, der in der gälischen Sprache auf den Hebriden Ausdrücke gefunden hatte wie 'die alte Weisheit der Bienen' oder 'das geheime Wissen der Bienen'. Ja, auf der Insel Iona sprach eine alte Frau vom Rotkehlchen als einem 'Gefährten des heiligen Columban' und von den wilden Bienen als 'Columbans Kinder'.

Ein Sprichwort sagt: "Frage die wilde Biene nach dem Wissen der Druiden", oder: "Und ich würde in jenes Land gehen und es suchen bis ich gefunden habe, hätte ich die drei Weisheiten der Biene, die ihren Weg findet im Grase, auf weiten Wassern und über die Höhen der Berge."

Damit sind wohl die Instinkte gemeint und nicht das Wissen der Druiden oder des Colum Cille oder des Herrn der Illusion (Luzifer) oder der ewigen Mächte des Himmels. Auch erinnere ich mich an ein Gebet, in dem von der Weisheit derer gesprochen wird, die durch die Luft reisen; vielleicht waren Vögel und nicht Bienen damit gemeint (oder Sylphen?).

Ein Priester der Kelten predigte: 'Wer gab der Biene die Weisheit und lehrte sie die Richtungen des Windes im Reich der Luft zu finden und den Heimweg zum Bienenkorb über Berge und durch Täler? Wer zeigt dem Lachs, dass er die Tiefe des Meeres verlassen muss, um im engen Fluss aufwärts zu schwimmen? Wer schenkte dem Raben die Weisheit des Hochlandes?'

In Ross, dem Norden Schottlands, werden die Bienen 'Herren der Weisheit' genannt oder gar 'die kleinen Könige der Weisheit'. Ein schöner und unvergesslicher Ausdruck.

Meistens werden wohl nur Instinkte gemeint sein, intuitive Fähigkeiten, den rechten Augenblick zur rechten Jahreszeit zum Schwärmen zu erkennen, die Winde und das Kommen des Regens vorauszuahnen oder die Blitze der Gewitter.

In meinen Kindheitsträumen lebten jedoch andere alte Zaubersagen:
„Eines Tages, als das Christkind neun Jahre alt war, sah es Maria an einem Waldesdickicht vorbeigehen. Schnell lief es voraus und versteckte sich im Dickicht und schickte drei Wünsche der Liebe zu ihr hin. Er gab jedem der Wünsche zwei Flügel und den Impuls zu einem Lied.

Der erste Wunsch stieg auf blauen Flügeln empor und verlor sich im Himmel, wohin er sein Gebet für Maria trug.

Der zweite Wunsch erhob sich auf schneeweißen Flügeln und flog seewärts über die Hügel des Westens und trug eine Hoffnung für Maria mit sich.

Der dritte Wunsch stieg auf grünen Flügeln empor und sank dann ins Gras mit seinem Traum für Maria. Dann kam eine Stimme aus dem Dickicht, ein Laut von solcher Süße, dass alle Vögel auf die Zweige flogen. Und dies war sein Lied:

„Der goldene Stern, oh Maria, dem Vogel mit den blauen Flügeln.
Den bunten Regenbogen, oh Maria, dem weißen Vogel.
Die wilde Biene, oh Maria, dem grünen Vogel."
Und so empfing die Biene ihren Segen von Jesus.

# Der Gewürzhändler
## Eine Pfingstgeschichte

Gideon liebte die Markttagen in Glasgow. Er kannte die Händler, bewunderte das Leinen der Iren, den Harristweed aus den Hebriden, den Silberschmuck aus Sterling. Er freute sich an den Dialekten. 'Wie in Babylon', dachte er. Zum Schluss kaufte er zwei Äpfel, einen für sich und einen für Paul, einen hellwachen Jungen mit brauner Haut und dunklen Locken, der für die Apfelfrau Botendienste leistete.

Paul trug ihm die Tasche, während Gideon seinen Laden aufschloss. Eine Wolke köstlichen Duftes umfing sie. Paul bat, um eine Arbeit. Gerne polierte er Instrumente, wusch Gläser oder stampfte mit dem Mörser Körner oder Blätter bis die Apfelfrau ihn rief, weil er gebraucht wurde.

Neben dem Gewürzhändler hatte ein Bäcker seinen Laden. Er war groß und weiß wie Mehl, seine wimpernlosen Augen blickten misstrauisch in die Welt und er missgönnte seinem Nachbarn die Muße, mit der dieser den Laden öffnete, nachdem er selber schon viele Stunden beim Backen gewesen war. Abends ging der Bäcker rasch nach Hause, Gideon aber zog sich stets nach Ladenschluss zurück, was den Bäcker neugierig machte. Was hatte dieser Fremde wohl zu tun? Am nächsten Morgen ging er in seinen Hinterraum und bohrte ein Loch in die Wand, durch das er das Hinterzimmer des Nachbarn überschauen konnte.

An diesem Abend blieb der Bäcker zurück und beobachtete, wie Gideon auftauchte, sich in einen Sessel fallen ließ und die Augen schloss. Was zum Teufel bedeutete das? Betete dieser komische Heilige? Schon wollte er seinen Posten aufgeben, als Gideon die Hand zu einem Wandschrank hinstreckte, einen Lederbeutel hervorzog und klingende Münzen in seinen Schoß regnen ließ. Der Bäcker zählte 21 Goldstücke; ein Vermögen! Welches Recht hatte der Ausländer zu diesem Reichtum?

Gideon war tief in Gedanken versunken, während er jedes Stück zwischen seinen braunen Händen rieb. Ahnungslos träumte er von der Heimat und von dem Tag, an dem er genug für die Reise dorthin gespart hatte.

Am nächsten Tag stand der Bäcker vor seinem Laden, als Gideon vorbeiging. "Seht diesen Dieb, diesen Schurken, der mir mein Gold gestohlen hat!" Rasch sammelte sich eine Menge um ihn, und ein Polizist trat hinzu. "Dieser Fremde hat mein Gold gestohlen! Geht nur in seinen Laden und sucht im Hinterzimmer nach dem Wandschrank, in dem er mein Gold in einem braunen Lederbeutel versteckt hat.

Gideon erbleichte. Der Polizist forderte den Schlüssel und kam nach kurzer Zeit mit dem Beutel zurück. "Zum Gericht!", rief er. "Ihr beide müsst vor dem Richter erscheinen."

Johlend begleitete die Menge den Bäcker, der stolz dahinschritt, und den alten Gideon, der das Schlimmste befürchtete. Würde er hier in Glasgow recht erhalten?

Der Richter hörte sich die Anklagen des Bäckers ruhig an. Zweimal schon war dieser bestraft worden, weil seine Brote Untergewicht hatten. Dann wendete er sich Gideon zu, der von der jahrelangen Mühe sprach, dieses Geld für seine Heimreise gespart zu haben. "Kommt heute Nachmittag wieder. Beide Kläger sollen hier im Gericht bleiben, wie auch das Gold."

Der Richter winkte einem Polizisten, flüsterte etwas in sein Ohr und gab ihm einen Schlüssel, ehe er zum Park ging, in dem er sich auf eine versteckte Bank zum Nachdenken hinsetzte. Eine Gruppe von Jungen lief zu einem freien Platz, und eine Knabenstimme rief: "Sucht Kieselsteine, 21 brauchen wir." Es war Paul, der dem Richter bekannt war.

"Jetzt noch drei Blechdosen!" Das war schnell getan. "Also, du bist der Bäcker, stell dich recht stolz hierhin. Daneben Gideon, klein und zerknirscht. Peter ist der Wächter und Dan ein Gerichtsdiener. Jetzt tun wir so, als hätten wir zwei Krüge mit kaltem und heißem Wasser. Dan, schütte kaltes Wasser in diese erste Dose." Langsam ließ Paul sieben

Steine ins kalte Wasser fallen. "Schaut nur, kein Mehl klebt an dem Geld. Und jetzt gieße halb kaltes und halb heißes Wasser in die zweite Dose und lege auch sieben Steine hinein." Der Bäcker wollte fliehen, aber der Wächter war auf der Hut. "Riecht ihr etwas?" "Jaa", jubelten alle. Heißes Wasser floss in die letzte Dose und sieben Steine rollten hinein. Bis auf den 'Bäcker' tanzten die Jungen einen Freudentanz.

Der Richter hatte genug gesehen und kehrte beflügelten Schrittes zum Gericht zurück. Dort ließ er drei saubere Becken kommen und einen Krug mit kaltem und einen mit heißem Wasser. Die Galerie war zum Platzen voll, als der Richter sieben Münzen in das kalte Wasser warf. Es geschah nichts. Nun wurde warm und kalt gemischt. Sieben weitere Münzen verschwanden im Wasser, und alle Leute begannen zu schnuppern; ein zarter Duft breitete sich aus. Kaum aber hatte der Richter die letzten sieben Goldstücke ins heiße Wasser gleiten lassen, da füllte sich der Raum mit den herrlichsten Gewürzdüften.

Dann trat der Polizist vor und gab eine Meldung. "Gnade!", rief der Bäcker, "Hängt ihn", schrie das Volk. Der Richter erhob das Wort: "Ich beschuldige dich eines dreifachen Vergehens: Einmal wolltest du den Erlös eines langen Lebens wegnehmen, zweitens den Ruf deines Nachbarn zerstören und drittens der Stadt Glasgow die Ehre rauben, den Fremden stets mit Achtung zu behandeln. Dieser Bäcker hat ein Loch in die Zwischenwand gebohrt, wie mein Polizist feststellte, und gesehen, wo das Geld versteckt war."

Es wurde still; alle blickten voll Verachtung auf den Dieb. "Paul, komm zu mir!", rief der Richter. "Welche Strafe rätst du für den Bäcker?" Verschmitzt lachte der Junge und meinte, jeden Morgen solle er den ersten drei Fremden, die zu seinem Laden kämen, ein Brötchen schenken." Erleichtert atmete der Bäcker auf. Welcher Fremde würde wohl je seinen Laden entdecken?

Er hatte nicht mit den Kindern aus Glasgow gerechnet! Kaum legte eines der großen Segelschiffe im Hafen an, da wurde Chinese oder Indianer, Araber oder Afrikaner zum Bäcker geschleppt. Sie trugen ihr

Gepäck und freuten sich, wie die Fremden ein warmes Brötchen erhielten. Über die Jahre hin wandelte sich der Bäcker, er liebte das Lob der Fremden. Paul aber wurde Gideons Lehrling, gemeinsam wanderten sie über den Markt, lauschten den Iren, Gaelen, Schotten und manchen Fremden. "Wie in Babylon!", pflegte Gideon zu sagen. Nach Jahren segelten sie gemeinsam wie Vater und Sohn nach Griechenland.

# Die fünf Bäume

Auf einer großen Wiese im Borderland standen fünf Bäume, die ihre Zweige zur Sonne streckten und miteinander Frieden hielten. Der nahe Tweed schenkte den Wurzeln reichlich Wasser, und es war eine helle Freude, die Bäume anzuschauen. Doch eines Tages flog eine Elster auf die Wiese und blickte sich um. "Ha!", rief sie, "wer von euch ist wohl der beste Baum? Der Wertvollste? Der Schönste?" Und sie flog von einem Baum zum anderen und fragte, drängte, spottete und höhnte, bis die Bäume aus ihrer Ruhe gebracht wurden.

"Ich bin der älteste Baum hier", sagte die Eiche mit knorrigem Ton. "Seht mich an! Ich wachse 500 Jahre, ich reife 500 Jahre und sterbe 500 Jahre. Meine Zweige reichen weit über den dicken Stamm hinaus, und im Herbst fallen Tausende von Eicheln als Futter für die Tiere herab. Ich bin so mächtig, dass ich sogar den Blitz anziehen kann, der vom Himmel herabsaust und mich doch nicht zerstören kann. Mein Holz ist so hart wie Metall, riesige Schiffe wurden aus Eichenholz gebaut, und die Menschen schätzen mich so hoch, dass sie mich heilig gesprochen haben. Ich bin der Baum der Druiden!"

Kaum hatte die Eiche geendet, als der Vogelbeerbaum anhub: "Groß bist du vielleicht, Nachbar Eiche, doch ich bin die Schönste hier auf der Wiese, ja in ganz Schottland gibt es keinen schöneren Baum als mich, Rowan genannt. Mir spricht man die Kraft zu, vor böse Feen Schutz zu bieten, und aus meinem Holz schnitzt sich der Schotte Kreuze und hängt sie an seine Haustür, um Feinde von der Schwelle fernzuhalten. Schaut meine roten Beeren an! Die Vögel kennen keine bessere und köstlichere Speise! Und die Barden haben Lieder über mich gesungen. Fragt die Vögel, für sie bin ich der wertvollste Baum in Schottland."

"Nun, das sagen die Vögel", meinte der bescheidene Apfelbaum. "Aber frage die Menschen! Sie kommen von weither, um meine reifen Früchte zu pflücken. Die Ärzte versichern mir, ein Apfel jeden Tag schenke gesunde Zähne und hält jung. Aus meinem Saft wird Most bereitet, ein kräftiger Trunk, und wenn andere Früchte längst verfaulen, bleiben meine Äpfel den Winter hindurch frisch. Apfelmus, Apfelkuchen, Apfelgelee schmecken köstlich, und es sind wohl tausend Rezepte für mich geschrieben worden. Im Winter werden am Kamin Märchen vom goldenen Apfel erzählt, ja, ich diene den Menschen wie kein anderer Baum es tut."

"Ich diene auch den Menschen", sagte die Weide, die nahe am Tweed stand und ihre biegsamen Zweige ins Wasser hängen ließ. "Denke an die Möbel, die aus Weidenzweigen geflochten werden, an die Körbe und Fischreusen. Denkt nur, sogar Häuser werden aus Flechtwerk gebaut. Jedes Jahr kann man meine Zweige abschneiden und immer wachsen sie nach. Ich bilde Hecken und Zäune, man braucht die Zweige nur in den Boden zu stecken und sie wurzeln und wachsen. Gibt es denn etwas Schöneres als meine blühenden Weidenkätzchen?"

Als letztes sprach der Tannenbaum, der hoch über die Wipfel der anderen Bäume ragte und schweigend zugehört hatte. "Ja, ihr seid alle wichtig und keiner von euch darf fehlen. Ich schaue weit ins Land und zähle noch viele andere Arten: Die Buche, die Linde, die Birke, der Ahorn, die Erle und sie alle zieren den Wald und dienen den Menschen. Aus meinen Stämmen werden die Masten der Segelschiffe gebaut. Es ist unmöglich, aufzuzählen, was alles aus meinem Holz gefertigt wird, Kisten und Streichhölzer, Möbel und Spielzeug, die Liste ist endlos. Und meine Tannenzapfen dienen den Vögeln im Winter, auch dann noch, wenn die Beeren längst vertrocknet sind. Ich stehe das ganze Jahr über in meinem grünen Kleide da, wenn ihr in der Kälte zittert. Aber ich will nicht prahlen, Gott war mir gnädig. Wer im Dezember auf den Markt geht, sieht dort einen hohen Tannenbaum, der mit hundert Lichtern geschmückt ist; überall auf der Welt werden Tannenbäume in die Wohnstuben geholt und mit Schmuck verziert. Aber das Schönste ist, was man unter meinen Zweigen zu Weihnachten sehen kann: eine Krippe, aus meinem Holz geschnitzt! Holzfiguren stehen davor: ein Engel, Maria und Joseph, die Hirten und die Drei Heiligen Könige, ein Ochse und ein Esel, viele Schafe, und sie alle schauen voll Andacht auf ein kleines Kind in der Krippe.

Ich weiß, ihr dient treu den Menschen, den Tieren und den Vögeln. Ihr alle seid wichtig! Ich aber darf dem Christkind dienen, Gott und Mensch zugleich. Diesem Kind zuliebe opfere ich mich und werde zum Weihnachtsbaum."

Da flog die Elster krächzend davon, und der Friede war unter den fünf Bäumen wieder hergestellt auf der Wiese im Borderland am Tweed.

# Jakob und Rachel

In Edinburgh, der Hauptstadt von Schottland, herrschte jahrhundertelang die Tradition, den Fremden oder Flüchtling aufzunehmen und ihm die Freiheit zu lassen, seiner Religion zu folgen. Aus Osteuropa kamen viele der dort verfolgten Juden in die Stadt, und es bildete sich eine starke jüdische Gemeinde mit eigenen Synagogen, die für den Stadtteil den Namen 'The Happy Land' wählte, das glückliche Land.

Nahe diesem Stadtteil wurde eine Blindenschule gegründet, später auch Blindenwerkstätten, und obwohl es eine christliche Anstalt war, wurden dort zwei jüdische Kinder aufgenommen, die ihre Eltern verloren hatten. Rachel war von Geburt an blind; sie hatte wunderschöne blaue Augen und blondes Haar, aber sie hatte die Welt nie sehen können, während Jakob erst mit drei Jahren durch eine Krankheit das Augenlicht verlor. Zwischen diesen beiden Kindern lebte eine zärtliche Liebe und Freundschaft, was aber nicht von allen Erwachsenen gerne gesehen wurde.

Ein alter, weiser Rabbi besuchte das Heim regelmäßig, und er unterrichtete die beiden mit großer Freude, denn Jakob war ungewöhnlich intelligent, und was Rachel nicht verstand, das erklärte er ihr später. Jakob hatte schwarzes Haar und seine Hände waren sehr geschickt. Im Sommer ging er gerne schwimmen und im Winter half er, Schneemänner bauen.

Einmal schnitzte er für das Hanukah-Fest zwei Kreisel, einen für Rachel und einen für sich, denn alle jüdischen Kinder spielen an diesem Tag Kreisel. Eine reiche Jüdin buk Pfannkuchen für die Waisenkinder, sie streute Zucker und Zimt darüber und gab ihnen auch Hanukah-Geld, wie es üblich ist. In einem Kerzenhalter brannten die Hanukah-Kerzen, und die zwei setzten sich zusammen nahe daran, um die Kuchen zu essen und den Duft der Wachskerzen einzuatmen. "Jakob, erzähle mir eine Geschichte", bat Rachel, denn er wusste viele herrliche Märchen und Sagen auswendig. Oft erfand er selber

Geschichten, diesmal aber sagte er: "Du kennst ja schon alle meine Geschichten; heute musst du mir eine erzählen und das ist ganz einfach: Fang damit an, woran du gerade denkst, und dann geht es von selber weiter."

"Dann lachst du mich bestimmt aus", meinte Rachel, aber Jakob versprach, still zuzuhören.

"Es waren einmal zwei Kinder, und sie hießen Jakob und Rachel. Alle Leute glaubten, sie wären blind, aber sie konnten sehen, jedenfalls Rachel ganz bestimmt." "Was konnte sie sehen?", fragte Jakob gespannt. "Andere Kinder sehen von außen, Rachel aber sah von innen", antwortete das Mädchen ernsthaft, "die anderen können im Schlaf auch alles Mögliche sehen, wenn ihre Augen zu sind und so war es bei Rachel. Tief im Inneren sah sie viele wunderschöne Dinge."

"Konnte sie Farben sehen?", fragte Jakob. "Ja, sie sah Grün, Blau, Rot, Gelb und andere Farben, deren Namen ich nicht kenne. Sie konnte Blumen sehen und kleine Puppen, und einmal hat sie einen Engel gesehen, der hatte sechs Flügel und flog hoch in die Luft, und dann hat sich im Himmel eine goldene Tür für ihn geöffnet."

"Konnte sie die Hanukah-Lichter sehen?", erkundigte sich Jakob. "Nicht die von außen, aber die in ihrem Kopf. Kannst du denn nichts sehen, Jakob?" Der Junge schwieg, und zögernd begann er aufzuzählen: "Ich kann meinen Vater und meine Mutter sehen und die Großeltern, ich erinnere mich an viele Dinge aus der Zeit, als ich sehen konnte." "Woran erinnerst du dich?" "Ich erinnere mich daran, wie ich krank war, und das Zimmer war voller Sonnenschein, und ein Doktor mit einem hohen Hut kam herein und sagte zu meiner Mutter, sie solle die Vorhänge schließen, weil das Licht schlecht für meine Augen sei", "Warum hast du mir das nie erzählt?", fragte Rachel. "Ich dachte, du würdest es nicht verstehen", antwortete der Junge ehrlich. "Jakob, ich verstehe alles! Wenn ich nachts im Bett liege und nicht einschlafen kann, dann sehe ich Gesichter und Tiere und Kinder, die im Kreis tanzen. Ich sehe Berge, Felder, Gärten und den Mond." "Wie sieht der

Mond aus?" "Wie ein Gesicht mit Augen, Mund und Nase." "Ja, das stimmt! Ich erinnere mich an den Mond, und oft sehe ich Dinge, die ich nicht verstehe. Und einmal sah ich einen Riesen, dessen Kopf bis in die Wolken reichte; er hatte große Hörner, und seine Nase war wie ein Elefantenrüssel. Er watete im Meer, aber das Wasser reichte ihm nur bis zu den Knien. Ich wollte es dem Wächter erzählen, aber der sagte ich lüge, und es war doch wahr."

Die Kinder schwiegen, bis Jakob flüsterte: "Solange wir klein sind, dürfen wir unser Geheimnis niemandem verraten. Die Leute glauben es doch nicht und denken, es seien Lügen. Aber wenn wir erwachsen sind, dann sagen wir es. In der Bibel steht: 'Der Herr sieht nicht, wie Menschen sehen, denn Menschen schauen aufs Äußere, der Herr aber schaut in die Herzen." "Wer hat das gesagt?" "Der Prophet Samuel."

"Oh Jakob, ich will ganz schnell groß werden, und dann werden wir Mann und Frau. Wir werden Kinder haben, die von außen und von innen sehen können und du zündest die Hanukah-Kerzen an und ich backe Pfannkuchen und du schnitzt Kreisel für unsere Kinder und abends erzählen wir ihnen Geschichten und dann träumen sie davon." "Wir träumen auch, du von mir und ich von dir." "Ich träume immerzu von dir: schwarze Haare, weiße Haut, schöne Augen." "Und ich sehe dich als ein goldenes Mädchen." Wieder schwiegen sie, und Rachel wurde unruhig. "Was ist los?", fragte Jakob. "Ich schäme mich es zu sagen," "Was ist es denn?" "Gib mir einen Kuss, Jakob," "Bist du verrückt? Das ist nicht erlaubt." "Aber hier ist niemand, der uns sieht!" "Gott sieht alles!" Rachel aber rief: "Du hast selber gesagt, dass Gott ins Herz schaut, und im Herzen bin ich schon groß und ich bin deine Frau." Da nahm Jakob ihre Hand und ganz schnell gab er ihr einen Kuss, und sie küsste ihn auch. Ihr Herz schlug bis zum Hals, und beide waren rot im Gesicht. "Es kann keine Sünde sein! In der Bibel steht ja, Jakob liebte Rachel und er küsste sie."

In dem Moment kam der Wächter. "Kinder, warum sitzt ihr hier allein?" "Jakob hat mir etwas erzählt." "Nein, Rachel hat erzählt!" "Was hat sie gesagt?" "Die Geschichte handelte über eine Insel mit

Löwen und Affen, und wir waren schiffsbrüchig und lebten wie Adam und Eva." "Halt, da drüben streiten sie sich", rief der Wärter und ging fort. "Du hast eine neue Geschichte erzählt, wie geht sie weiter?" "Sie haben geheiratet und hatten sechs Jungen und sechs Mädchen. Und sie wurden gerettet und segelten alle nach Israel.

Jetzt kam der Rabbi zum Unterricht und erzählte folgende Geschichte zum Hanukah-Fest:

# Glück oder Unglück im Leben

Ja, die Menschen können die zwei Wesen Glück und Unglück mit ihren Augen nicht sehen, aber spüren werden sie bestimmt, wer an ihrer Seite ist. An einem sonnigen Tag wanderten zwei Geister ungesehen durch ein Dorf in Schottland. Mazel war jung, schlank und hochgewachsen. Er trug eine grüne Jacke, rote Reithosen und Stiefel mit silbernen Sporen. An seinem Hut steckte eine Feder. Schlimazel dagegen war alt, blass und gebeugt. Er hinkte an einem Stock, seine Augen schauten zornig in die Welt und seine Nase war rot vom Trinken. Er hatte einen grauen Bart und trug einen schwarzen Mantel und einen Spitzhut.

Mazel prahlte: "Alle Leute wünschen mich herbei, ich bringe Freude zu allen Menschen, gleich ob es Händler, Seeleute, Ärzte oder Liebesleute sind, sie rufen mich herbei. Aber dich will keiner haben; stimmt es, Schlimazel?" "Ja, du bist ein Zauberer, aber ich bin stärker, ich regiere die Welt. Was du in einem Jahr aufbaust, kann ich in einer Sekunde zerstören."

"Natürlich kannst du zerstören, aber es ist immer dasselbe: Du tötest, verbrennst, schickst Hungersnot oder Seuchen, aber ich kenne tausend Wege zum Glück."

"Ich habe Millionen Wege zum Unglück!" trumpfte Schlimazel auf.

"Das stimmt nicht, ich wette, du kannst keinen einzigen neuen Weg finden, um all das Gute zu zerstören, was ich geschaffen habe."

"Wetten? Was bekomme ich, wenn ich gewinne?" "Du bekommst ein ganzes Fass voll mit dem kostbaren Wein des Vergessens. Und wenn du verlierst, musst du mich 50 Jahre in Ruhe lassen." "Abgemacht! Aber sage mir, was du vorhast." "Ich werde den Ärmsten dieses Dorfes glücklich machen. Ein Jahr werde ich bei ihm bleiben, dann darfst du handeln; aber versprich mir, ihn weder zu töten, noch krank oder arm zu machen."

"Wie lange wirst du dazu brauchen?" "Eine Sekunde!" Die beiden

Geister schüttelten sich die Hände, die Wette war besiegelt und sie schieden voneinander. Mazel sah eine arme Hütte, und darin fand er einen jungen Mann, barfuss und in Lumpen. "Wie heißt du?", fragte er, "und warum bist du so arm?" „Tam ist mein Name und mein Vater starb, so dass ich meine Lehre beim Schmied aufgeben musste, um zu Hause die Feldarbeit zu tun. Meine Mutter folgte ihm rasch, und ich bin allein auf der Welt. Die Äcker sind steinig, im letzten Jahr war eine Dürre, und jetzt habe ich kein Korn zum Säen." "Pass auf, Tam, bald kommt dein Glück!", sagte Mazel.

In diesem Augenblick hörten sie eine Trompete blasen: Der König fuhr mit seiner Kutsche durch das Dorf, und alle Leute liefen hinaus, um ihn zu grüßen. Doch kaum hatte die Kutsche Tams Hütte erreicht, da löste sich ein Rad und rollte davon. Der König stieg heraus und ihm folgte eine bildschöne Prinzessin. Tam kam näher, und als der König fragte, wer das Rad wieder befestigen könne, gab der gute Mazel ihm den Mut zu rufen: "Ich kann es, Eure Majestät!"

Tam holte das Rad, befestigte es in kurzer Zeit, wie er es beim Schmied gelernt hatte. Der König lobte ihn. "Komm mit auf mein Schloss, da können wir einen geschickten Schmied gebrauchen", sagte er. Die Prinzessin, die neben dem König stand, warf verstohlene Blicke auf den Burschen.

Der König hatte schon siebenmal versucht, seine Tochter zu verheiraten, aber immer hatte sie Ausflüchte gefunden. Die Lage war kritisch, weil im Falle seines Todes kein Nachfolger da sein würde und der Minister Kamstan die Regierung übernehmen müsste.

Im Schloss gab man Tam neue Kleider und wies ihm einen Platz in der Schmiede an. Mazel sorgte dafür, dass ihm jede Arbeit gelang und er das Vertrauen der Dienerschaft gewann. Er blieb bescheiden, er war ehrlich und fleißig und ließ sich nicht bestechen. Bei dem großen Wettrennen gewann sein Pferd, denn Mazel schaffte es, dass Tam alle Hürden nahm und als Erster durchs Ziel ritt. Die Prinzessin jubelte ihm zu. Darüber sorgte sich der König sehr. Es darf nicht sein, dass seine Tochter in diesen Stallburschen verliebt sei.

Er rief Tam zu sich und verlangte, dass er mit einem Trupp Reiter die nördlichen Pikten überwinde und Tribut einzöge, eine Aufgabe, die unmöglich schien. Mazel sorgte für einen raschen Sieg und Tam kehrte als Held zurück mit kostbaren Geschenken für den König und für die Prinzessin.

Nie aber vergaß Tam die Armen und war großzügig im Geben. Sein Ruhm brachte ihm den Hass von Kamstan ein, ein Hass, der von Schlimazel in aller Stille geschürt wurde.

Plötzlich erkrankte der König, und seine Ärzte stellten fest, er litte an einer seltenen Krankheit, die nur geheilt werden könne, wenn er die Milch einer Löwin trinken würde. Niemand wagte es, das Mittel zu holen, bis Tam sich anbot, die Milch einer Löwin zu besorgen. "Wenn du mit dieser Medizin heil zurückkehrst, verspreche ich dir die Hand meiner Tochter!", schwor der König vor allen Zeugen.

Kamstan aber rief: "Wie können wir wissen, ob es die Milch einer Löwin ist, was er bringt?" Tam antwortete: "Wenn ich Seine Majestät betrügen würde, verdiente ich es zu sterben." Und er ritt allein und ohne Waffen fort.

Mazel ritt unerkannt neben ihm her und führte ihn in den Edinburgher Zoo, in dem eine Löwin kürzlich zwei Junge zur Welt gebracht hatte. Diese Jungen schliefen, als Tam den Käfig öffnen ließ, die Löwin melkte und den Krug füllte und versiegelte. Mazel hatte das Tier in seinen Bann gezaubert, und Tam kam heil und unbeschadet davon.

So schnell kehrte Tam zum Schloss zurück, dass seine Feinde ihn beschuldigten, den König betrügen zu wollen. Der alte Monarch war skeptisch, als Tam mit dem Krug eintrat, vor ihm niederkniete und sagte: "Eure Majestät, hier bringe ich die gewünschte Milch von einem Hund." Tödliche Stille folgte den Worten, bis der kranke König rief: "Du willst mich verhöhnen und hast mir Hundemilch gebracht. Dafür wirst du mit deinem Leben büßen!"

Als Tam zurückkehrte, war das Jahr zu Ende und Schlimazel war an der Macht. Wie versprochen hatte er in einer Sekunde das Glück von Tam zerstört. Zwei Soldaten führten Tam in den Kerker, und Kamstan befahl, einen Galgen im Schlosshof aufzurichten. Mazel aber rollte ein Fass mit dem Wein des Vergessens heran, füllte ein Glas, und Schlimazel trank davon mit genießerischer Freude. Ein zweites und drittes Glas folgten, dann sagte der Geist des Unglücks: "Du nimmst deine Niederlage erstaunlich ruhig auf, weißt du nicht, dass dein Tam morgen früh gehenkt wird?" Und er leerte ein weiteres Glas. Dann grinste er und meinte: "Als Herr des Unglücks bin ich heute verdammt glücklich. Willst du mir nicht folgen? Zusammen wären wir unüberwindlich."

"Du meinst, wir würden die Welt zu zweit ruinieren? Dann hätten wir bald nichts mehr zu tun. Es gäbe keine Weingärten, und niemand könnte Trauben pflücken. Das ist das Ende deines Lieblingssaftes." "Was schert mich die Zukunft, wenn ich mir Vergessenheit antrinken kann? Komm, nimm auch ein Glas, Mazel!" "Nein, ich will nicht vergessen. Dieses Fass ist für dich allein."

In leutseliger Stimmung erzählte Schlimazel sein Leben: "Mein Vater war ein guter Geist, er trug Wasser im Paradies, und meine Mutter diente einem Heiligen. Ich wurde in eine berühmten Schule geschickt. Meine Eltern wollten, dass ich ein Seraph oder ein Engel würde. Ich hasste sie beide, und trat einer Bande von Kobolden bei, die lauter Unfug stiftete. Wir stahlen Manna. Wir trugen Mist in die Speisekammern. Wir verwandelten uns in Wölfe, um Schafe zu jagen. Ich war bald der Anführer und stieg auf unter den Geistern des Bösen. So bin ich zum höchsten Herrn des Unglücks geworden. Prost!"

Schlimazel begann zu singen, und schließlich fiel er vom Stuhl und schnarchte.

Darauf hatte Mazel gewartet! Draußen graute der neue Tag. Es gab keinen Augenblick zu verlieren.

Tam kniete im Kerker und betete darum, den König heilen zu können, und sprach die Worte, die er als Kind gelernt hatte:

"Ich bete für dein Leben,
Für Ehre, Land und Ruhm;

Kein Seufzer in deiner Brust,
Keine Träne in deinem Auge.
Kein Stein auf deinem Weg,
Kein Schatten auf deinem Gesicht,
Bis du in der himmlischen Wohnung bist,
In den Armen des gnädigen Christus."

Kamstan sah sich bereits als Herrscher, und die Schmeichler boten ihm
Geld dafür an, ihnen hohe Ämter zu geben. Kamstan hatte die Soldaten
in den Kerker geschickt, um Tam zu holen, der in Ketten war. Die
Trommeln schlugen, und Neugierige drängten sich auf den Hof. Schon
wurde Tam der Strick um den Hals gelegt.

In diesem Moment tauchte Mazel auf, und obwohl kein Auge ihn
sehen konnte, ging ein Aufatmen durch die Reihen. Die Sonne brach
durch die Wolken, und Mazel ließ frischen Mut in die Adern Tams
fließen. Mit lauter Stimme rief dieser: "Es ist die Sitte, einem
Verurteilten seinen letzten Wunsch zu gewähren. Ich bitte darum, den
König zu sehen!"

Kamstan war wütend, die Menge aber schrie: "Zum König, zum
König!" Tam wurde in das Gemach geführt, in dem der kranke König
lag. Er kniete nieder und sprach: "Majestät, erlaubt mir, die Worte zu
erklären, die ich sprach. Der Löwe ist als König der Tiere bekannt,
aber im Vergleich mit Euch, hoher Herr, ist er nicht mehr als ein Hund.
Aus Respekt vor Eurer Majestät wollte ich nicht das Wort Löwe aussprechen, aber ich schwöre, es ist wirklich die Milch einer lebendigen
Löwin, und ich flehe Euch an, die Milch zu trinken, damit Ihr Eure
kostbare Gesundheit wiedererlangt."

Da der unsichtbare Mazel am Bette stand, glaubte der König jedes
Wort, doch Kamstan rief: "Die Milch ist längst ausgeschüttet. Es ist zu
spät!" Die Prinzessin aber, die in der Nacht für Tam gebetet hatte, antwortete mit klarer Stimme: "Ich selber habe die Milch gerettet! Hier ist
der Krug." Der König begann zu trinken, die Farbe kehrte in seine
Wangen zurück, frische Kraft floss durch seine Glieder, und jeder im
Raum sah die Krankheit weichen. Bis zum letzten Tropfen trank der

König die Milch der Löwin, und die volle Gesundheit kehrte zu ihm zurück.

Die Prinzessin kniete am Bett und sprach: "Mein Vater, Tam hat Euer Leben gerettet! Ich bitte Euch das Wort zu halten und unsere Hochzeit zu segnen."

Aus allen Ländern kamen Würdenträger zur Feier, als Tam seine Prinzessin heiratete und zum Nachfolger des Königs bestimmt wurde. Der König lebte noch lange genug, um sieben Enkel zu begrüßen: vier Prinzen und drei Prinzessinnen.

Kamstan aber begann zu trinken. Seine Schmeichler verließen ihn bald, doch Schlimazel, der Tam und die Wette völlig vergessen hatte, hängte sich an ihn und wurde sein ständiger Begleiter. Tam aber brauchte die Hilfe von Mazel nicht mehr. Er vertraute auf seine eigenen Fähigkeiten, denn das Glück folgt jedem, der fleißig, ehrlich, hilfsbereit und fromm ist.

So sprach der Rabbi zu Jakob und Rachel und setzte hinzu: "Deshalb nennen wir unsere Heimat hier in Edinburgh das glückliche Land, und so mancher unserer Bürger kam ohne einen Pfennig hier an und wurde reich durch fleißige Arbeit. Was wäre Schottland ohne unseren Handel, unsere Wohltätigkeit und unsere Frömmigkeit?"

Der Wärter kam zur Tür, als der Rabbi das Blindenheim verließ, und sagte: "Diese zwei Kinder, Jakob und Rachel, sind zuviel zusammen. Wir müssen sie trennen."

"Im Gegenteil, mein Freund. Bedenke, dass sie beide blind sind, und das einzige Licht in ihrem Leben kommt zu ihnen aus der Liebe ihrer Herzen."

Und so durften die Kinder täglich zusammen bleiben.

# Der Dudelsackspieler

Ian Campbell war der beste Spieler auf dem Dudelsack im Hochland, und er wurde zu jeder Hochzeit, Taufe und Beerdigung eingeladen, ja, ohne ihn war ein Fest undenkbar. Aber die Leute waren arm, und oft erhielt er nur ein paar Schillinge für sein Spiel. Wie konnte er dabei genug sparen, um seine geliebte Moira zu ehelichen? Jahr für Jahr quälte ihn diese Frage mehr. Als er die Anfrage bekam, zur Hochzeit des bettelarmen Duncan im letzten Haus hoch oben in den Bergen aufzuspielen, sagte er zu, obwohl er wusste, dass er dort keinen Pfennig bekommen würde.

Es war eine lustige Hochzeit! Man tanzte in der Scheune, es gab selbstgebrautes Bier zu trinken und Ian spielte seine besten Melodien. Mitternacht kam, die Kerzen verloschen und zum Abschied segnete die junge Braut den Spieler mit einem alten, machtvollen Segensspruch:

Auf dem Felsen aller Felsen,
Ruht der Friede von Peter und Paul,
Von Jakob und Johannes, dem geliebten,
Und der reinen, vollkommenen Jungfrau,
Der reinen, vollkommenen Jungfrau.

Der Friede des Vaters der Freude,
Der Friede des Christus zu Ostern,
Der Friede des Geistes der Gnade,
Für uns und für dich,
Und für alle unsere Kinder,
Für alle unsere Kinder.

Ian spürte die Kraft der gälischen Worte wie einen warmen Mantel um sich und begann den langen Marsch bergab. Müdigkeit überwältigte ihn und er fand einen geschützten Ort zum Schlafen. Im Traum hörte er eine feine Stimme: "Wach auf, Ian, komm zu unserem Fest! Es wird sich lohnen." Ian setzte sich hin; vor ihm hockte ein Zwerg mit rotem Hütchen und wiederholte die Bitte. Dann berührte er die Augen von Ian, und aller Schlaf verflog. Ian fühlte sich frisch wie am Morgen und sprang auf.

Auf dem Hügel stand ein Haus, aus allen Fenstern leuchtete Licht, und es zog den Spieler mächtig dorthin, wo die kleinen Gäste warteten. Kaum begann er zu spielen, da tanzten die Zwerge und wirbelten um seine Füße wie Kreisel. Ein Kelch mit köstlichem Wein wurde ihm gebracht, und in einer Pause bewirtete man ihn mit feinen Speisen, wie er sie noch nie gekostet hatte.

Draußen zeigte sich das erste Morgengrauen, Ian spielte einen letzten Walzer, und der kleine Wicht mit dem roten Hütchen stopfte ihm goldene Taler in die Tasche und sagte: "Lauf, lauf, mein Freund; ehe die Sonne aufgeht, müssen wir fort und du darfst dich nicht umdrehen, ehe du unten im Tal bist. Noch bist du von dem Segen behütet, aber wehe die Sonne findet dich unter uns hier auf dem Hügel."

Der Spieler nahm seinen Dudelsack und lief, wie er noch nie in seinem Leben gelaufen war. Hinter ihm krachte und donnerte es, ein Feuer schien auszubrechen, aber Ian drehte sich nicht um. Er stolperte über Steine, platschte in das Wasser des Flusses, überquerte Wiesen und Felder, bis er das heimatliche Dorf erreichte und schnurstracks zum Hause der Geliebten lief, die gerade am Herd stand und Haferbrei kochte.

Stumm stand er da und kämpfte um Atem; Moira drückte ihn auf einen Stuhl und gab ihm Wasser zu trinken.

Langsam erholte sich Ian von dem wilden Lauf und fand die Sprache wieder. "Wir können heiraten, Moira, schau hier!" Er zog aus seiner Tasche viele goldene Taler, breitete sie auf dem Tisch aus und schob sie zu seiner Braut hinüber.

"Wo kommt der Segen her, Ian? Hast du einen Bund mit dem Teufel geschlossen?", fragte Moira besorgt. "Nein, es ist ehrlich verdientes

Geld. Dank des Dudelsacks sind wir reich und brauchen nicht zu darben. Wir wollen Kinder haben, viele, viele Kinder!"

Da schlang Moira ihre Arme um Ian und sagte: "Und sie alle sollen lernen, den Dudelsack zu spielen! Wer aber wird die Musik zu unserer Hochzeit spielen?"

Ja, darum hätte sie sich keine Sorgen zu machen brauchen, denn der Ruhm von Ian Campbell ging weit über das Hochland hinaus. Kaum war der Tag der Hochzeit bestimmt, da kamen die Spieler mit ihren Dudelsäcken von Ost und West, von Nord und Süd, und die Musik nahm kein Ende, bis alle Tänzer erschöpft waren und der Himmel sich im Osten rötete.

Unter den Gästen war auch Duncan mit seiner jungen Frau. Er erzählte, sie hätten unterwegs eine Ruine gesehen, ein völlig verbranntes Haus auf einem Hügel.

"Nie wieder werde ich dorthin gehen", schwor Ian, aber den Grund verriet er nicht; das Erlebnis jener Nacht blieb sein Geheimnis.

Ein Segen ruhte auf ihm und seiner Moira. Das Haus füllte sich mit Kindern, und wenn heute einer ins Hochland kommt, dann kann er die Dudelsäcke hören, wie sie von der nächsten Generation der Campbells gespielt werden.

# Der Raub der Feen

Annabelle war ein bildschönes Mädchen mit rotblondem Haar, grünen Augen und der milchweißen Haut der Kelten, aber sie war auch stolz und eitel, weshalb sie viele Freier abwies. Stuart aber liebte sie und ließ sich nicht entmutigen. Er arbeitete fleißig bis sein Hof blühte, und bald schaute sie mit Achtung auf den Freier. "Ich will das schönste Brautkleid haben", sagte sie, und Stuart ließ ihr ein Gewand aus Seide mit Brüssler Spitzen schicken. "Ich brauche passende Seidenschuhe zum Kleid", sagte Annabelle, und der Schuster arbeitete viele Stunden, um das Gewünschte herzustellen. "Ich wünsche mir einen Ring mit Diamanten", sagte sie, und der gutmütige Stuart ließ einen kostbaren Ring für sie fertigen. Endlich kam der Tag der Hochzeit, die Kirche war voller Gäste, und der Pfarrer traute das Paar. Annabelle aber hörte kaum die Worte des Sakramentes, so sehr war sie damit beschäftigt, ihr Kleid, ihre Seidenschuhe und den Ring zu bewundern. Es gab ein Festessen im Hause von Stuart, und Annabelle strahlte vor Stolz, als sie auf dem blumengeschmückten Ehrenplatz saß. Stuart aber betete still im Herzen, seine Frau möge ihm ihre wahre Liebe zuwenden.

Der Abend kam, und die Brautjungfern geleiteten Annabelle ins Schlafzimmer, um ihr zu helfen, den Kranz abzunehmen. Kaum hatten sie das Zimmer verlassen, da trat Stuart ein, doch seine Braut war verschwunden, das Fenster stand weit offen, und es klang, als ritten mehrere Pferde vom Hause fort. "Die Feen haben die Braut gestohlen!", sagten die Gäste und bekreuzigten sich. Vergeblich lief Stuart hinaus und suchte nach ihr, doch keine Spur war zu entdecken.

Stuart war verzweifelt. Er lag schlaflos im Bett und lauschte mit angespannten Sinnen nach draußen. Um Mitternacht sah er ein helles Licht im Hof, und aus dem Licht trat seine Annabelle hervor und rief: "Ich bin im Feenhügel gefangen! Du kannst mich aber retten, wenn du in der Vollmondnacht dorthin kommst und mit geweihtem Wasser einen Kreis ziehst. Doch nimm zum Schutz einen Dolch aus gehärtetem

Eisen mit. Die Feen werden um Mitternacht ausreiten, und ich muss mitkommen. Du aber kannst mich vom Pferde zu dir hinziehen, denn in dem Kreis bin ich sicher. Aber stelle mir bitte jeden Tag etwas zu essen hin, weil ich hier keine Speisen anrühren darf, oder ich bin für immer verloren." Mit diesen Worten verschwand Annabelle.

Es blieben nur wenige Tage bis zur Vollmondnacht, und Stuart verschaffte sich geweihtes Wasser und einen Dolch aus Eisen. Er stellte reichlich Speisen vor den Feenhügel und fand den Teller jeweils am Morgen leer.

Der Mond wurde rund. Zur rechten Zeit zog Stuart einen Kreis mit dem Weihwasser nahe dem Tor zum Hügel; er stieß den Dolch in die Erde und betete ein Vaterunser. Plötzlich schlug das Tor auf, helles Licht strömte in die Nacht, und wilde Reiter stoben hervor, ohne sich um Stuart zu kümmern. Er riss den Dolch aus der Erde und starrte jedem Reiter ins Gesicht. Da, das war seine geliebte Braut auf einem weißen Hengst! Doch sie war ein gutes Stück von ihm entfernt, und er sprang vorwärts, zog sie vom Pferd und war plötzlich von den Feen umgeben, die ihm die Last entreißen wollten. Er schwang den Dolch, und sofort weitete sich der Raum um ihn, denn vor Eisen haben die Feen Angst.

Es gelang Stuart, Annabelle in den Kreis zu ziehen, in dem kein Feind ihr etwas anhaben konnte. Bald verlöschten die Lichter, die Tür schloss sich, und er war mit seiner Braut allein. Noch dröhnte die Erde vom Schlagen der Hufe, aber das Paar war gerettet.

Tief aufatmend erreichten sie die Sicherheit des eigenen Hauses. Annabelle küsste ihren Mann und sagte: "Es war meine eigene Schuld! Ich habe bei der Trauung nicht aufgepasst, und so konnte das Sakrament mich nicht vor den Feen schützen. Jetzt aber hatte ich Zeit, mein Leben zu überblicken und zu bereuen. Vergib mir den Stolz und die Eitelkeit." Wie ein Lauffeuer eilte die Botschaft von der Errettung der Braut durch das Dorf, und spontan wurde ein zweites Mal gefeiert. Der Priester weihte das Paar in der Kirche und lange blieb der Segen auf Haus und Hof ruhen.

# Der springende Topf

Robert Robertson war ein Korbflechter, der mit seiner Frau Dora und drei kleinen Kindern durch Schottland wanderte, um seine Körbe zu verkaufen. Es waren vortreffliche Körbe, und er fertigte sie in allen Größen an, aber weil sie so dauerhaft waren, brauchten die Leute nur einmal bei ihm zu kaufen und hatten damit genug für ihr ganzes Leben. An einem Frühlingstag war er in ein enges Tal geraten, in dem die Bauern ihm kaum die Tür öffneten und nichts kauften. Er hatte alle Vorräte aufgebraucht, und die Kinder waren hungrig. Sein Karren mit dem Zelt, den Werkzeugen und Weidenzweigen war schwer geworden, denn die drei Kinder saßen obenauf und jammerten. Dora schob von hinten, und als sie endlich einen Hof sahen, bot sie sich an, die letzten Körbe anzubieten. Die Fenster waren schmutzig, der Vorplatz ungefegt, und sie sah Schweine und Hühner im Dreck wühlen und scharren.

Dora klopfte an die Tür, und eine dicke Frau machte ihr auf, die mit lauter Stimme rief: "Komm herein, du musst durstig sein, und ich habe etwas Gutes für dich!" Dora trat in eine unaufgeräumte Küche, setzte sich zaghaft hin und bot ihre Körbe an. "Großartig, die kann ich beide gebrauchen! Wie viel kosten sie?" Dabei füllte sie ein Glas mit Whisky und schob es Dora hin. "Mein Mann und ich waren den ganzen Tag unterwegs und die Kinder sind hungrig. Darf ich um ein Brot und etwas Tee bitten?" "Ha, nicht so bescheiden hier ist ein Sack, da passt viel hinein!" Und sie warf Kartoffeln, einen Schinken, ein Brot, ein Päckchen Tee, Zucker und Kekse hinein, während Dora am Glas nippte. "Wie ist es mit etwas Tabak?", fragte sie. "Ach, ein Stück Kautabak wäre gut für meinen Mann." "Ich bin zur Zeit allein, da kann ich etwas vom Tabak meines Mannes abschneiden. Und nun höre gut zu: Zweihundert Meter von hier ist ein verfallenes Haus, dahinter steht ein Brunnen und dort könnt ihr das Zelt aufbauen; Holz fürs Feuer ist reichlich da. Da stört euch niemand. Am Ende des Tales ist ein

Schloss, da wohnt der geizigste Lord in ganz Schottland, und es lohnt nicht, dorthin zu gehen."

Schwerbeladen kehrte Dora zurück und im Handumdrehen hatten sie den Ort erreicht, an dem sie ein Feuer machen konnten. Der Kessel kochte bald, die Kinder aßen Schnitten mit Butter, und es gab süßen Tee.

Robert suchte nach Holz und entdeckte einen alten Topf mit drei Beinen und einem Henkel, den er Dora zeigte. "Oh, mein ganzes Leben habe ich mir so einen Topf gewünscht. Hat er auch kein Loch?" Nein, der Topf war zwar schmutzig, aber heil. Mit viel Sand und Wasser schrubbte Robert den Topf, bis er blitzsauber war und Dora ihn mit Kartoffeln und Schinken füllte. Die Abendsonne schien warm, und die Familie machte es sich gemütlich. Das heiße Essen tat ihnen allen gut, und nachdem der Topf leer und die Mägen voll waren, legten sie sich zum Schlafen hin. Der saubere Topf stand vor dem Zelt. Dora wachte von einem Geräusch auf und rief: "Jemand will den Topf stehlen!" Robert aber beruhigte sie, und bald war Dora wieder eingeschlafen.

Der Topf aber hatte sich selber auf die Beine gemacht: Klicketie Klick, Klicketie Klick klang es, wie er den Berg hinaufwanderte.

Im Schloss waren Vorbereitungen für eine Jagdgesellschaft im Gang, es wurden so viele Gäste erwartet, dass der Koch bis in die Nacht hinein arbeiten musste. Der Topf wanderte durch die offene Küchentür und blieb vor dem Herd stehen. "Der kommt mir wie gerufen!", sagte der Koch und tat große Stücke Fleisch hinein, ein paar Zwiebeln, Wasser und Salz und hob ihn auf den Herd, auf dem er bald zu kochen begann. Kaum war das Fleisch weich, da stellte er den Topf an die Tür und ging zu Bett. Alles war still, der Mond schien, und plötzlich begann der Topf zu wandern: Klicketie Klick, Klicketie Klick, den Berg hinunter, bis er zum Zelt kam, bei dem er brav stehen blieb.

Die Sonne schien, die Kinder wachten auf und wurden am Brunnen gewaschen. Robert zündete das Feuer an, hängte den Kessel darüber, und Dora ging zu dem Topf hin. "Himmel, der Topf ist voll!", rief sie, und alle staunten über das saftige Fleisch, fertig gekocht mit Zwiebeln und einer guten Soße.

"Das muss die nette Frau uns gebracht haben! Sie ist lieb wie ein Engel. Jetzt können wir hier bleiben und uns ausruhen. So gut ist es uns noch nie gegangen" meinte Dora. Sie hatte Zeit, Wäsche zu waschen, Strümpfe zu stopfen. Die Kinder spielten Versteck, während Robert Körbe flocht. Die Nacht kam, und bald schlief die Familie zufrieden im Zelt; der Topf stand sauber gescheuert davor.

Als es stockdunkel war, sprang der Topf auf und begann zu wandern: Klicketie Klick, Klicketie Klick, den Berg hinauf. Der Lord Jeremia hatte keine Kinder, keine Freunde und ging nie zur Kirche. An diesem Tag hatte er das Schloss voller Gäste, die er tüchtig für die Jagd zahlen ließ. Mit Angst dachte er an sein Gold. Bisher hatte er es an vielen Orten versteckt, aber er fand keine Ruhe und begann, aus Kästen und Schubladen die Beutel zusammenzusuchen und aufs Bett zu legen. "Ich brauche einen Behälter", dachte er, "in dem alles zusammen ist und ich es besser bewachen kann."

Der Topf war durch den Haupteingang gewandert, er stieg die Treppe hinauf und ins Schlafzimmer des Lord. Dort füllte Jeremia ihn randvoll mit Gold und Münzen, breitete ein Tuch darüber, kroch in sein Bett und schlief ein.

Mitternacht kam, der Topf sprang auf und wanderte die Treppe hinab, aus dem Schloss hinaus und den Berg hinunter. Ein strahlender Sonnenaufgang brachte Dora und die Kinder früh aus dem Bett, und sie sahen das Tuch, welches der Lord über den Topf gelegt hatte. "Wer war bei meinem Topf?", fragte sie und hob das Tuch hoch.

Ihr Schrei weckte auch Robert, der entgeistert auf das Gold schaute. Er wühlte mit den Händen darin und brachte Taler, Gulden und Goldstücke hervor. "Das reicht für unser ganzes Leben!", rief er und sorgfältig verbarg er, den Schatz im Karren, deckte das Zelt darüber und setzte die Kinder obenauf. Dora wollte den Topf aufladen, Robert aber meinte: "Der Topf ist verzaubert; er hat genug für uns getan, lass ihn gehen." Kaum hatte er gesprochen, da sprang der Topf auf und wanderte davon: Klicketie Klick, Klicketie Klick. Robert kaufte ein Haus, baute eine Werkstatt und nahm Lehrlinge auf, die die besten Körbe im Lande anfertigten. Die Familie war wegen ihrer Gastfreundschaft geachtet und geliebt.

# Francis und die sprechenden Tiere

Vor langer Zeit lebte eine kleine Familie an der Westküste Schottlands, die eine ganz erstaunliche Rettungsaktion in Gang setzte, dank der Fähigkeiten eines einzigen Jungen. Sein Großvater besaß hohe Weisheit, und er übertrug sein Wissen auf Francis, der trotz seiner Jugend stundenlang zuhören konnte und nichts von dem vergaß, was er dabei lernte. Oft sah man den weißhaarigen Greis mit Francis am Ufer beim Sammeln von Treibholz. Francis hatte einen roten Schopf und grüne Augen, das Besondere an ihm aber war seine Stimme: Er vermochte die Laute der Vögel und Tiere nachzuahmen und mit den Kreaturen zu sprechen.

Seine Mutter war von früh bis spät tätig, sie spann Wolle, webte Stoffe, aus dem alle Kleider genäht wurden. Sie versorgte die Kühe, Schafe und Hühner, kochte das Essen und sang dabei die alten gälischen Lieder. Ihr Mann war von Wikingern erschlagen worden, als er den Menschen im Nachbardorf hatte helfen wollen. Ein großes Schiff landete dort, die Männer wurden getötet, Frauen und Kinder geraubt, das Vieh gestohlen und die Häuser in Brand gesetzt.

Seitdem lebten sie alle in Furcht vor einem neuen Überfall. Es waren Vorkehrungen getroffen worden, wie man sich schützen könne. Ein sicheres Versteck im Hinterland war für die Frauen und Kinder mit Decken und Nahrungsmitteln ausgestattet worden. Es wurde ein Warnsignal vereinbart und die Männer schärften ihre Äxte.

Francis aber hatte größere Pläne, er wollte den Vögeln und Tieren von der Gefahr erzählen und verbrachte viele Stunden mit den Seehunden am Ufer. Seltsame Laute kamen von seinen Lippen Immer wieder beschrieb er mit lebhaften Gesten die langen Schiffe der Wikinger und bat die Seehunde, mit ihren Leibern solche Schiffe gegen die Felsen zu drängen. Mit ihren großen Augen blickten die Tiere ihn an, nickten gar und grunzten ihr Einverständnis.

Auf dem Hügel hinter seinem Haus sammelte Francis die Vögel: Seemöwen, Kormorane, Eissturmvögel und Turmfalken kamen auf sein Rufen; er brachte ihnen Fische als Futter und sprach davon, dass sie die Ersten wären, die ein Wikingerschiff sehen würden und er die Warnung brauche, um das Dorf zu retten. Ja, die klugen Vögel nickten weise und flogen davon.

Eines Tages sah Francis einen Adler hoch in den Lüften, und er rief ihm seltsame Worte zu, bis der Riesenvogel sich neben ihm zur Erde ließ und den Worten des Jungen lauschte. Er versprach, die Segel der feindlichen Schiffe zu zerreißen und Steine aufs Deck fallen zu lassen.

Der Großvater nutzte die langen Winterabende, um von der keltischen Geschichte zu erzählen, von den Taten der Vorfahren und von dem Erzengel der Kelten, der die höchste Aufgabe im Kreise der Völkerführer hatte. "Als der Herrgott die Völker schuf, wählte er die Juden, um einen Körper für die Inkarnation des Christus zu bereiten, aber Gott wusste, dass die Juden ihn nicht verstehen würden, und so schickte er die Kelten weit in den Westen, wo in geheimer Schulung das Volk vorbereitet wurde, die weltweite Mission des Sonnengottes auf Erden zu verstehen. Es ist das sanfte Christentum, welches die Sonne des Auferstandenen in den Hochkreuzen zeigt, um uns an Ostern zu erinnern und uns nicht auf Karfreitag starren zu lassen. Die Kelten haben stets ihre Augen zu den Sternen gehoben, der Kosmos ist die Quelle allen Glaubens. Wir sehen Christus als Sonnengott, und die Kraft der Sonne schenkt uns und aller Kreatur das Leben und die Lebensfreude. Aber unser Erzengel wurde abgerufen, er soll das wahre Christentum in Europa beschützen. Mein Vater brachte ein kleines, seltsames Kreuz von seinen Reisen mit, er nannte es Rosenkreuz, denn sieben Rosen waren um ein schwarzes Holzkreuz gewunden. Er sagte: 'Unser Sonnenkreuz musste verwandelt werden, um verborgen getragen zu werden, weil die Kirche jeden verfolgt, der vom wahren Glauben spricht. Unser Wissen musste auch verwandelt werden, nur noch in Märchen kann man davon sprechen, dass wir immer wieder auf Erden geboren werden und das kosmische Christentum lebt nur noch in Bildern weiter. Wir Schotten aber verloren den starken Schutz unseres Erzengels und müssen ganz auf uns selber gestellt mit den Feinden fertig werden."

Der Großvater nahm Francis mit auf den Hügel hinter dem Haus und sprach mit erhobenen Armen das Sonnengebet:

Das Auge des großen Gottes
Das Auge des Gottes der Herrlichkeit,
Das Auge des Königs der Heerscharen,
Das Auge des Königs aller Lebenden,
Ströme Segen auf uns
Zu jeder Zeit des Jahres,
Ströme Segen auf uns,
Sanft und großzügig.
Lob sei dir
Du strahlende Sonne.
Lob dir, du Sonne, Antlitz des Gottes des Lebens.


Von diesem Tage an fühlte sich Francis voll verantwortlich für das Schicksal des Dorfes. Der Kormoran war der erste Vogel, der das Schiff der Wikinger sah, wie es mit vollen Segeln nach Süden fuhr. Rasch rief er die Möwen zusammen und befahl ihnen, die Seehunde an den Küsten der zahllosen Inseln zu suchen und zu dem Schiff zu schicken. Ja, das war eine Bewegung im Meer, als Tausende von Seehunden auf ihr Ziel zuschwammen und das Schiff umringten. Die Wikinger wussten nicht, was ihnen geschah; die Ruderer wurden behindert, und kurz darauf stießen die Adler herab, zerrissen die Segel mit ihren Schnäbeln und Klauen, bis sie in Fetzen herabhingen.

Alarm wurde im Dorf gegeben, Frauen und Kinder begaben sich auf den Weg zu ihrem Versteck, die Männer holten ihre Waffen und gingen zur Küste. Dort sahen sie, wie das Schiff auf die Felsen getrieben wurde, und sie hörten das Splittern des Holzes. Die Adler flogen an den Strand, ergriffen mit ihren Klauen große Steine und ließen sie auf das Deck fallen. Mancher Wikinger fand den Tod, andere versuchten ans Land zu springen, doch die Möwen schlugen ihnen die Flügel ins Gesicht und trieben sie zurück ins Wasser. Verzweifelt zogen sie ihre Schwerter, doch ihnen blieb keine Möglichkeit, sich gegen Seehunde und Vögel zu wehren.

Mit mächtiger Stimme rief der weißhaarige Großvater in der Sprache der Wikinger: "Ergebt euch! Wir verschonen euer Leben, wenn ihr freiwillig die Waffen abgebt."

Da erhoben sich die Hände der Feinde, und wie auf einen Schlag ließen die Vögel von der Verfolgung ab. Kaum waren sie an Land wurden ihnen die Waffen abgenommen und die Hände gefesselt. Kein einziger Schotte hatte sein Leben verloren, und die Glocken begannen zu läuten, um Frauen und Kinder zurückzurufen.

Ein großes Feuer wurde auf dem Dorfplatz angezündet, an dem sich die nassen Norweger trocknen und wärmen konnten; noch waren sie wie gelähmt von der ungewöhnlichen Schlacht. Hoch über ihnen kreisten die Vögel, und im Küstenwasser schwammen die Seehunde und schauten mit ihren großen Augen auf die Szene im Dorf. Francis lief zu ihnen, streckte ihnen seine Arme entgegen und rief: "Dank, tausendmal Dank für eure Hilfe! Wir werden es euch nie vergessen!" Doch was die Anwesenden hörten, waren nur seltsame Laute; die Seehunde aber verstanden den Ruf und schwammen davon.

Inzwischen schlugen die Wellen gegen das Boot, welches auf den Klippen fest saß und man konnte das Splittern des Holzes hören. "Rettet die Ladung!", rief der Großvater, und eine Schar erfahrener Männer kletterte auf den Felsen und erreichte das Schiff rechtzeitig, um das Gut zu bergen, das in großen Kisten im Laderaum lag: kostbare Waffen, geraubte Schätze, Vorräte für die lange Fahrt.

Kurz darauf brach das Schiff entzwei, und nun galt es, das Holz ans Ufer zu schaffen, denn Holz ist in dem baumlosen Land unendlich wertvoll.

Nach ihrer Rückkehr teilten die Frauen Essen aus, es wurde Tee gekocht, und Freunde und Feinde saßen im Kreis ums Feuer. Ein

Barde begann zu singen, er schilderte die Not, in der sie gelebt hatten, erinnerte an das schreckliche Schicksal des Nachbardorfes und pries die Rolle der Seehunde und der Vögel.

Der Großvater suchte den Kapitän der Wikinger auf und fragte, ob seine Männer auf Ehrenwort den Frieden halten würden. "Nie in meinem Leben habe ich nach einer verlorenen Schlacht Speise und Trank von unseren Feinden erhalten, nie ist unser Leben geschont worden, so wie wir niemanden schonen. Woher kommt eure Kunst, mit den Tieren und Vögeln zu sprechen? Wer gibt euch diese Milde im Umgang mit Gegnern? In diesen Stunden hier im Kreis beginne ich zu ahnen, dass es auch ein anderes Leben gibt als unseres. Wotan ruft uns zum Kampf, er macht uns stark, aber heute waren wir machtlos. Wenn ihr uns erlaubt, bei euch zu leben, können wir von euch Frieden lernen." Die Fesseln wurden gelöst, jeder Wikinger fand eine Familie, bei der er wohnen durfte, nachdem er den Friedenseid geleistet hatte.

Die Kraft der ehemaligen Feinde zeigte sich bald bei der Arbeit: Aus dem Holz wurde ein Leuchtturm erbaut, der die Schiffer vor den Felsen warnt. Und heute noch gibt es manche Kinder mit flachsblondem Haar in diesem Dorf, ein Zeichen des Friedens zwischen Feinden.

# Licht im Puppenhaus

Im Ettrick-Tal lag einst ein weiträumiger Hof, in dem vier lebhafte Kinder aufwuchsen, die den Sommer über in Stall, Feld und Wald spielen konnten, im Winter aber nach der Schule gerne am Kaminfeuer hockten, um Kastanien zu rösten. Walter und Wolfgang, Moira und Minnie hießen die Kinder, und was ihre Zeit an den dunklen Abenden ausfüllte, waren die Spielsachen der Tante Margaret, die in Galoway lebte und ihnen die besten Geschenke gab. Walter besaß eine Arche Noah mit vielen Tierpaaren von ihr, Wolfgang einen Bauernhof mit Scheune, Pferdestall, Taubenhaus und geschnitzten Pferden, Kühen, Schweinen und Schafen, dazu zwei Hunde und eine Katze, mit denen auch die Mädchen gerne spielten.

Mit großer Spannung wartete Moira an ihrem Geburtstag auf die Post, und sie wurde nicht enttäuscht: Das rote Postauto brachte eine schwere Kiste, die so gut eingepackt war, dass der Vater helfen musste, den Inhalt ans Tageslicht zu befördern. Zuerst erschien ein rotes Dach, dann ein ganzes Puppenhaus mit vier Zimmern. Die Vorderseite des Hauses hatte Scharniere und konnte ganz aufgeklappt werden. Im Erdgeschoss gab es eine Küche und ein Wohnzimmer, darüber ein Schlafzimmer, ein Bad und eine Spielstube mit Schaukelpferd, einem winzigen Teddybären und vier Puppenkindern! Moira war außer sich vor Freude, und sie hörte aufmerksam zu, als ihre Mutter den Brief von Tante Margaret vorlas, in dem diese erklärte, das Haus sei für beide Schwestern, und sie dürften sich nie darüber streiten, denn sonst wäre es das Ende der Geschenke.

Minnie lief zu Moira hin, warf ihr die Arme um den Hals und versprach, sich nicht zu zanken. Und dieses Versprechen wurde tatsächlich den langen Sommer über gehalten. Mit dem Herbst kam Minnies Geburtstag, und sie rannte dem Postboten entgegen, der ein kleines Päckchen für sie hatte. Schnell öffnete das Kind die Schnur und wickelte den Inhalt aus: eine Vater-Puppe in steifem Anzug, eine

Mutter-Puppe mit einem geblümten Kleid und einer Schürze zum Zubinden und dann ein kleines, verschnürtes Bündel, aus dem eine winzige Wiege hervorkam, mit Kissen und Federbett. Minnie setzte sich hin und suchte unter der Bettdecke nach einer Puppe. Ja, es war ein Baby versteckt, welches Windeln trug und ein Jäckchen. Moira sagte gleich: "Die Jacke ist grün, es kann ein Junge oder ein Mädchen sein."

"Was würdest du lieber haben, eine kleine Schwester oder einen Bruder?", fragte die Mutter. "Bitte beides, von jeder Sorte eins; Zwillinge natürlich!", sprudelte Minnie hervor und wiegte ihr Puppenkind im Arm, während alle lauthals lachten. Das störte Minnie nicht, sie war selig mit dem Püppchen und überließ Moira die großen Puppen, die sie ins Wohnzimmer des Puppenhauses setzte.

Der Winter setzte früh ein, und die Kinder amüsierten sich herrlich mit ihrem Puppenhaus, bis eines Tages Minnie ihre Schwester kniff, die Brüder anschrie und zur Strafe ins Schlafzimmer geschickt wurde. Sie kroch in ihr Bett, und während der Nacht entwickelte sie eine so hohe Temperatur, dass ihr Vater den Doktor rufen musste, der Minnie ins Gästezimmer tragen ließ, weil ihre Krankheit ansteckend war. Da lag sie nun und fühlte sich elend und allein. Sie hatte schrecklichen Durst und wollte nichts essen, nur trinken, trinken und schlafen. Niemand durfte sie besuchen, und ihre Mutter trug einen weißen Overall, wenn sie zu ihr kam. Minnie verschlief die Adventszeit und begann nur allmählich wieder Anteil am Leben der Familie zu nehmen, als sie den köstlichen Duft vom Backen der Pfefferkuchen roch und sie vom Fenster aus den großen Tannenbaum sah, den Vater ins Haus trug.

Moira bat um Erlaubnis, ihrer Schwester das Puppenhaus zu bringen, welches am Fußende des Bettes Platz fand. Jetzt konnte Minnie nach Herzenslust mit der Puppenfamilie spielen und das Baby im Arm wiegen. Sie war glücklich. Überwältigt von Müdigkeit schlief sie ein und wachte erst vom Gongschlag auf, der zum Abendbrot rief. Die Sonne stand tief am Himmel und schickte ihre Strahlen direkt ins Puppenhaus, so dass es in den vier Zimmern zu glänzen begann: Der

Spiegel, der Kupferkessel, die blanken Möbel leuchteten im rötlichen Abendlicht. Minnie faltete ihre Hände und flüsterte leise: "Danke, lieber Gott, für das Licht im Puppenhaus. Es ist das allerschönste, was ich im Leben gesehen habe. Bitte, schicke die Sonne morgen Abend wieder. Amen."

Ihr Gebet wurde erhört, und das Wunder wiederholte sich. Aber Minnie erzählte niemandem davon, obwohl sie jetzt zum ersten Mal aufstehen konnte und ihre Geschwister sah. Diese wunderten sich, dass Minnie darum bat, wieder im Bett Abendbrot zu essen. Dort weidete sich das Kind an dem hell erleuchteten Puppenhaus, welches für sie allein so wundersam glänzte.

Der Doktor kam zum letzten Mal, und Minnie wurde für gesund erklärt. Als sie sofort nach dem Abendbrot ins Krankenzimmer lief, waren ihre Sachen schon fort, und das Puppenhaus war verschwunden. Der Vater murmelte etwas vom Weihnachtsmann, der wohl schuld am Verschwinden sei. Moira wusste nichts, und hätte Minnie nicht so viel Arbeit mit dem Vorbereiten der Geschenke gehabt, hätte sie wohl geklagt; so aber galt es, in aller Eile etwas zu basteln, um am Heiligabend nicht mit leeren Händen dazustehen.

Die Klingel läutete, der Tannenbaum stand geschmückt im Wohnzimmer, und alle Kerzen brannten. Die Tür ging auf, und die Kinder durften eintreten. Kleine Tische standen um den Baum, beladen mit Geschenken, doch im Mittelpunkt stand das Puppenhaus, und die Mädchen liefen darauf zu. Irgend etwas war anders! Minnie entdeckte kleine elektrische Lampen in jedem der Räume, die schwaches Licht warfen. Die Jungen bewunderten die Errungenschaft, der Vater schien mächtig stolz darauf zu sein, Minnie aber war wütend und stampfte mit dem Fuß. Sie war unfähig zu erklären, warum sie die Lampen nicht mochte, und die Mutter entschied, sie brauche Schlaf und könne nicht mit zur Kirche.

Kaum hatte die Familie das Haus verlassen, da schlich sich Minnie ins Weihnachtszimmer, wo sie das Puppenhaus untersuchte. Hässliche Drähte hingen von den Decken, aber es gab keine Schalter für die

Lampen. Was war zu tun? Minnie holte die große Schere vom Vater und schnipp, schnapp, schnitt sie die Drähte durch. Dann kroch sie todmüde ins Bett.

Der Weihnachtsmorgen brachte den Duft von Mandarinen, die in den Strümpfen versteckt waren und am Ende der Betten hingen. Die Mädchen leerten die Strümpfe aus und entdeckten Geschenke für das Puppenhaus: Moira fand ein winziges Spinnrad, Minnie einen Schaukelstuhl. Dazu je eine Zuckermaus, Marzipan und Buntstifte. Beim Frühstück hörten sie, die geliebte Tante Margaret würde am Nachmittag kommen, und erst als der Vater die Lichter im Puppenhaus anknipsen wollte, entdeckte er die zerschnittenen Drähte. "Minnie, hast du das getan?" Das Kind nickte, gab aber keine Erklärung und nahm seine Strafe wortlos an: Sie musste den Schaukelstuhl hergeben und auf ihr Zimmer gehen. Dort malte sie ein Bild für ihre Tante, auf dem das Puppenhaus in allem Glanz erstrahlte.

Endlich hörte sie das Auto im Tal rattern und rannte der Tante entgegen, ohne Mantel und Mütze. Sie öffnete die Pforte für sie. Margaret sah das blasse Gesicht, stieg aus und nahm Minnie in die Arme. Tränen rollten über die Wangen. "Was ist los?", fragte die Tante, aber keine Antwort kam. "Minnie, sag mir, warum du weinst." "Nur wenn du versprichst zu tun, um was ich dich bitte", flüsterte diese. "Ja was soll ich denn für dich tun?" "Das Puppenhaus ins Gästezimmer tragen, aber ganz schnell, die Sonne geht schon bald unter." "Ja, du hast mein Versprechen!", kam die Antwort. Schnell stiegen sie ins Auto und fuhren bis zum Haus.

Vor der Tür stand die Familie und alle riefen: "Frohe Weihnacht!" "Danke für das Willkommen, ich muss aber zuerst ein Versprechen erfüllen, es eilt", meinte Margaret und folgte der ungeduldigen Minnie, die sie ins Weihnachtszimmer zog. Die Tante nahm das Puppenhaus in ihre Arme und trug es, zum Erstaunen der Familie, nach oben. Die Tür zum Gästezimmer war schon offen, und Minnie zeigte auf das Fußende des Bettes: "Hier muss es hin, schau nur, die Sonne!" Das Kind strahlte, und während die Abendsonne jeden Spiegel, jede glatte Fläche in rötlichem Glanz leuchten ließ, drängten sich die anderen Kinder ins Zimmer. Es wurde still, schweigend bestaunten sie das Wunder. Die Eltern kamen herein, und auch sie freuten sich an dem Bild. Tante Margaret drückte Minnie an sich. "Nie hätte ich geahnt, mein Puppenhaus könne so im Sonnenlicht leuchten. Tausend Dank, Minnie."

"Es ist Licht vom lieben Gott. Bitte sei nicht böse, Papa, aber ich musste die Drähte einfach durchschneiden, verstehst du? Gott wollte sein Wunder behalten, und ich musste ihm dabei helfen."

Der Vater hob Minnie in die Luft: "Ja, ich versteh's; du hattest recht. Gottes Licht ist besser als meine Lampen." Langsam sank die Sonne und der Glanz verlöschte. Unten im Wohnzimmer aber wurden die Kerzen am Tannenbaum angezündet, und das Festessen begann. Walter und Wolfgang, Moira und Minnie schworen später, dieses sei das schönste Weihnachten gewesen, dort auf dem Hof im Ettrick-Tal in den Borders.

# Die Jahrtausendwende im Borderland

Die Witwe Margaret Mackai erwachte mit einem Ruck. Sie war im Lehnstuhl eingeschlafen und hatte geträumt. "Ach, könnte ich nur weiterträumen, dachte sie und starrte auf das Häuflein Asche im Kamin. Sie schloss die Augen und sah wieder die drei herrlichen Engel mit ihren starken Flügeln von den Orkney-Inseln nach Süden fliegen, über das Hochland, über die glitzernde Stadt Edinburgh, in der die Sonne das Schloss erstrahlen ließ. Ja, dann trennten sich die Engel und einer flog zu ihr in Richtung Galashiels!

Es war kalt. "Oh Willie, wenn du nur wüsstest, wie ich dich vermisse! Erst neun Monate im Himmel, und ich schaffe es nicht mehr. Bitte hilf mir! Kein Holz zum Heizen", und Margaret besann sich mit Schrecken, dass auch nichts zu essen im Haus war und sie einkaufen musste; der letzte Einkauf im Jahr, im Jahrhundert, im Jahrtausend! Sie nahm ihre Tasche und ging zum Supermarkt, in dem sie das Nötigste besorgte.

Die Tasche war schwer. Der Bus aus Edinburgh kam in diesem Augenblick und Margaret sah Andrew Miller aussteigen, einen Nachbarjungen, der den gleichen Weg hatte. Andrew fürchtete sich vor der Jahrtausendfeier. Er hatte Angst vor Jack Cunning, dem Führer der Bande, der ihn sicher auffordern würde, ins Lokal zu gehen, um dort Streit anzufangen. Andrew erblickte Frau Mackai, und ihre Tasche sah schwer aus.

"Kann ich Ihnen helfen?" "Ja gerne, Andrew. Wie geht der Kursus?" "Nicht so gut, aber heute habe ich frei." Gemeinsam erreichten Sie Margarets Haus. "Du kannst gern zum Teetrinken kommen, ich habe Kekse gekauft." "Vielleicht."

Plötzlich sah Andrew oben am Straßenende Jack auftauchen und er schritt rasch hinter die dicke Hecke und zur Eingangstür. "Ja, gerne,

Frau Mackai!", sagte Andrew erleichtert. Er stellte die Tasche in die Küche. Es war kalt im Wohnzimmer, und er bot an, Holz klein zu hacken. Margaret gab ihm eine Axt. Sie goss Tee auf, deckte ein Tablett und rief Andrew, der mit dem Holz rasch ein gutes Feuer anfachte.

"Die Axt ist scharf. Bevor ich gehe, kann ich noch genug Holz für morgen hacken." Andrew war froh, als Jack am Fenster vorbeiging. Er genoss den heißen Tee. "Meine Mutter hat heute Nachtdienst im Krankenhaus", erzählte er. Margaret lud ihn ein, zur Kirche mitzukommen, um Silvester zu feiern. "Die Leute kommen aus der ganzen Umgebung, es wird getanzt, es gibt zu essen und du triffst bestimmt Freunde. Ich freue mich, wenn du mich begleitest. Du hast keine Ahnung, wie dankbar ich bin, ein gutes Feuer im Kamin zu haben. Vielleicht hat der Engel mir geholfen."

"Welcher Engel?" "Ach Andrew, ich hatte einen Traum. Drei Engel flogen von Norden her nach Edinburgh, und einer der Engel flog hier zu uns. Die anderen Engel sind auch nach Süden ins Borderland geflogen, vielleicht können wir sie um Mitternacht sehen. Aber sag mir, hast du auch Träume?" "Nicht gerade von Engeln, ich träume davon, ein guter Schreiner zu werden, der beste Schreiner in Galashiels! Aber ich habe kein Werkzeug und keinen Platz zu Hause." "Komm Andrew, schau, was mein Mann an Werkzeugen hatte." Im Flur öffnete sie eine Kammer, in der alles zum Schreinern hing, was man sich nur wünschen kann. Und Andrew sah sofort, wie gut gepflegt die Werkzeuge waren, scharf geschliffen und ohne Rost.

"Ja, mein Mann liebte sein Hobby, und ich habe alle seine Sachen in Ordnung gehalten. Hinten im Garten ist seine Werkstatt, genug Platz für dich, wenn du schreinern willst." "Dann hacke ich auch jedes Mal Holz fürs Feuer! Mir juckt es richtig in den Fingern, ein Gesellenstück zu machen." "Dann schau dir doch an, was Willie alles selber gemacht hat!" Frau Mackai kehrte ins Wohnzimmer zurück und wies auf die Möbel. "Jedes Stück selbstgemacht. Solides Holz, nicht so wie heute die meisten Leute arbeiten."

Andrew fühlte die polierten Flächen, tastete nach Schubladen, die sich reibungslos öffneten, und strahlte die Nachbarin an. "Ich glaube, im nächsten Jahrtausend kriege ich eine Chance, den Traum wahr zu machen." "Und jetzt kommst du mit zur Kirche, Andrew, und wir feiern zusammen. Mir hat mein Engel heute schon Glück gebracht."

Harry Hunter war müde und hungrig. Den ganzen Tag war er mit dem Lastwagen unterwegs, die Straßen waren verstopft gewesen und er war spät auf die A 7 Richtung Newcastle gekommen. Harry hielt kurz an, um etwas zu essen. Und fiel dann in einen Schlaf, aus dem er mit einem Ruck erwachte. Das war ein toller Traum gewesen! Drei große Engel waren über Edinburgh geflogen und trennten sich am Cameron Toll. Einer flog direkt über ihn weg, schön langsam, er konnte genau die weißen Flügel sehen. Unsinn, Engel gab es doch nur für Kinder. Mensch, Harry, du spinnst wohl. Wenn du dich nicht beeilst, kommst du zu spät zu Kitty´s Silvesterfeier. Ja, das mit dem Traum muss ich Kitty erzählen, die glaubt so was. Kein Verkehr, gutes Tempo, immer hübsch am Galawater entlang, ich werde es schon schaffen. Ah, da ist Galashiels, langsam, langsam, verflucht, was krabbelt da auf der Straße? Ein Baby? Auf die Bremse, stopp, stopp, stopp!

Harry brach in Schweiß aus. Sein schwerer Laster hielt nur Zentimeter vor dem Kind an, und es schaute zu ihm auf, ohne Angst; es lächelte sogar. Ein bildschönes Kind!

Aus dem Haus zur Rechten lief eine junge Frau durch den Garten und auf die Straße. Sie packte das Baby und presste es an sich. Dann blickte sie zu Harry auf und sah, dass er weiß wie Schnee war und rief ihm zu: "Kommen Sie rein! Sie können so nicht weiterfahren. Sie haben einen Schock." Ein Mann tauchte auf, sah die Szene und umarmte die Frau mit dem Kind. "Kitty lebt, sie ist unversehrt, es ist ein Wunder! Wir müssen den Fahrer einladen."

Harry rieb sich die müden Augen. Kitty? Die Frau wiederholte dringend die Einladung. Harry fuhr zur Seite und kletterte mit steifen Gliedern aus dem Lastwagen. Licht strömte aus dem Haus, und ein feiner Duft von frischgebackenem Kuchen war zu riechen. Man führte den Gast in ein warmes Zimmer, in dem noch ein Rest Weihnachtsschmuck hing. Der Mann bot Harry ein Glas Whisky an, aber der Fahrer schüttelte den Kopf. "Ich muss noch nach Newcastle, aber erst muss ich Kitty anrufen." "Kitty?" Die Eltern starrten ihn an. "Ja, Kitty, meine Frau. Sie erwartet mich."

Das kleine Mädchen kroch auf Harry zu, richtete sich an seinen Beinen auf, schaute ihm ins Gesicht und sagte: "Dada". "Ein Engel hat dich gerettet", meinte Harry bewegt. "Meine Bremsen allein hätten es nie geschafft."

"Ein Engel? Was meinen Sie?", fragte die junge Mutter erstaunt und ihr Gast stellte sich vor. "Ich bin Harry Hunter aus Newcastle, und heute träumte ich, ein Engel sei über die A 7 geflogen, ein herrlicher, großer Engel. Es scheint mir, als habe eine Kraft meinen Lastwagen gestoppt, die nicht irdisch erklärbar ist."

"Kitty's Schutzengel? Das ist wohl möglich. Aber sagen Sie, ist Ihre Frau Kitty Morpeth?" "Ja, wir haben vor zwei Jahren geheiratet", antwortete Harry. "Und ich bin Heien, die Tochter von May Morpeth, der großen Schwester Ihrer Frau. Kitty war meine liebste Tante, und darum nannten wir unser Kind nach ihr."

"Dann sind Sie die Verwandte, die nicht zur Hochzeit kam! Meine Frau war sehr traurig, richtig enttäuscht war sie." "Wie konnte ich im neunten Monat zur Hochzeit kommen? Aber heute haben Sie unser Kind gerettet, unsere Kitty. Bitte bleiben Sie und feiern sie mit uns. Es ist viel zu spät! Nach dem Schock dürfen Sie nicht ans Steuer."

Der junge Vater brachte heißen Tee und Zucker, schenkte dem Fahrer ein und setzte sich dazu. "Ich heiße Frank Stuart. Von Ihrer Frau habe ich viel gehört. Sie müssen sie anrufen und erklären, warum Sie heute nicht mehr fahren dürfen. Da, schauen Sie aus dem Fenster, die erleuchtete Kirche ist die Sankt-Pauls-Kirche, in der sich alle Gemeinden aus Galashiels treffen. Wir nehmen Sie mit und feiern die Rettung unserer Tochter. Sie ist noch nie alleine auf die Straße gekrabbelt, der Hund hatte die Tür aufgestoßen und wir ahnten nicht, dass sie draußen war. Es war ja stockfinster."

Man hörte die Erregung in Franks Stimme; er nahm Kitty auf den Schoß und wiegte sie. "Ein neues Jahrtausend ohne das Kind? Unvorstellbar. Aber rufen Sie erst einmal zu Hause an." Harry sprach mit seiner Kitty und erklärte, wie er Heien und Frank kennen gelernt habe. "Schau in den Himmel, vielleicht siehst du auch einen Engel. Auf Wiedersehn im neuen Jahrtausend!"

Nicht weit von Galashiels, nahe am Ufer des Tweed, liegt ein kleines Anwesen mit Tauben, Hühnern, Gänsen und einer Reihe von Bienenvölkern, auf dem auch eine alte Kate steht, aus deren Schornstein an diesem Abend Rauch quoll. Die Fenster waren blank geputzt, der Vorplatz gefegt, und Roy Winner lugte ins Innere. Er sah Morag, eine junge Frau, die auf einer Couch schlief. Leise öffnete er die Tür, schlich auf Zehenspitzen hinein und blickte voller Andacht auf die Schlafende, die hochschwanger war. Ein Lächeln umspielte ihre Lippen, ehe Morag aufwachte. "Oh Roy, wie lieb von dir zu kommen. Ich hatte einen wunderbaren Traum, du wirst es kaum glauben. Ein Engel flog über Galashiels zu uns und als er hier ankam, fühlte ich seine Energie in meine Glieder strömen. Er sah herrlich aus, stark und schön. Es ist wie ein Segen für mein Kind. Die ersten Wehen kamen schon und es wird nicht mehr lange dauern. Bitte ruf die Hebamme an."

Roy schaute sich im Zimmer um, es war gemütlich mit dem brennenden Kamin, den grünen Zweigen und roten Beeren des Holly und dem singenden Kessel am Herd. Vor zwei Monaten war die Kate noch schmutzig und verwahrlost gewesen, bis Morag gekommen war. Zuerst hatte sie im Haus gewohnt, aber sie wollte unabhängig sein, und seine Eltern hatten ihr erlaubt, die Kate für sich einzurichten.

"Brauchst du sonst noch etwas?" "Eigentlich nicht, die Hebamme wird mitbringen, was nötig ist. Ohh, eine Wehe! Es eilt, Roy. Stell dir vor, das Kind wird in das dritte Jahrtausend hineingeboren, ins Jahr 2000." Roy lief zum Haus hinüber, rief die Hebamme an, die versprach, sofort zu kommen, und steckte dann zwei Äpfel in seine Tasche, klemmte ein Brot unter den Arm und nahm einen Topf Suppe vom Herd. Schwer beladen kam er bei Morag an, die behauptete, keinen Hunger zu haben. Roy röstete ein paar Scheiben Brot, füllte Suppe in tiefe Teller, und der Duft lockte Morag an. Beim Essen entdeckte sie erst, wie hungrig sie war, und genoss das Mahl.

Roy hatte sie in Edinburgh getroffen, ein verzweifeltes junges Mädchen, welches seine Schwangerschaft zu verbergen suchte. Ihre großen, graublauen Augen hatten es ihm angetan; er lud Morag zu einer Pizza ein, und sie erzählte ihm, sie käme von der Insel Lewes, sei mit Angus verlobt gewesen, der, kurz vor der Hochzeit, beim Fischfang ertrunken war. Sie war geflohen, um nicht dem Spott der Puritaner ausgesetzt zu sein, hatte bis zur Entlassung in Glasgow gearbeitet und fand dann in der Heilsarmee in Edinburgh Unterschlupf. Sie war am Ende ihrer Kraft.

Roy nahm Morag mit nach Hause. Dort erwarb sie in kurzer Zeit die Achtung seiner Eltern. Sie war klug und geschickt, wusste gut mit Hühnern und Gänsen umzugehen, hatte den Bienen Sirup für die Winterzeit zubereitet und Wacholderzweige in die Bienenstöcke gehängt. Abends strickte sie kleine Jäckchen. Sie hatte sich mehr als ihre Unterkunft verdient, und Roy hoffte, sie zu heiraten.

Die Hebamme kam und setzte sich mit an den Tisch, trank eine Tasse Tee und erzählte davon, wie sie vor 20 Jahren geholfen habe, Roy in die Welt zu bringen. Die Wehen nahmen zu, und Roy wurde fortgeschickt. "Bitte, lass mich dabei sein, ich kann doch helfen", flehte er. "Die wichtigste Hilfe ist das Gebet; steig auf dein Fahrrad und radele zur Sankt-Pauls-Kirche, da triffst du bestimmt Freunde. Aber nimm dein Handy mit! Deine Mutter kommt bald hierher, und sie ruft dich sofort an, wenn das Baby da ist."

Morag erinnerte ihn an den Traum und erzählte der Hebamme, was sie gesehen hatte. Diese nickte und sagte: "Ich glaube an Engel; jedes Kind hat einen Schutzengel, und es ist ein gutes Zeichen, wenn du von ihm geträumt hast." Roy erreichte die hell erleuchtete Kirche und schob sein Fahrrad zwischen die vielen Autos zur hinteren Tür, zum Eingang des Festsaals. Laute Musik tönte heraus, es waren schottische

Volkstänze und Roy reihte sich ein. Es tanzten kleine Kinder zwischen den Erwachsenen, so dass die Schottenröcke flogen. An langen Tischen saßen Zuschauer, und Roy entdeckte Andrew, der ihn zu sich winkte, als der Tanz zu Ende war.

Es saßen Frau Mackai, Heien und Frank Stuart mit der schlafenden Kitty und Harry Hunter zusammen an dem langen Tisch und Andrew stellte seinen Freund vor. Harry schilderte sein Erlebnis mit dem Engel, Frau Mackai fügte ihren Traum hinzu, und Roy teilte die Geschichte von Morag mit. "Soll ich dir eine Wiege für das neugeborene Baby bauen?", fragte Andrew. "Sie soll nichts kosten, ich bin ja erst ein Lehrling, aber es würde mir Spaß machen." "Gerne", sagte Roy, "wir haben gut gelagertes Holz im Hof; suche dir aus, was du brauchst." "Und wir haben genug Babysachen von Kitty, die kann deine Morag sicher gut gebrauchen", fügte Heien hinzu. "Ich kann dir den Kinderwagen leihen", meinte Frank.

Ein Gong ertönte und es wurde still im Saal. Der Pfarrer las ein Telegramm vor, welches gerade eingetroffen war. "Ein anonymer Stifter hat 2000 Pfund Sterling für das erste Baby versprochen, welches in Galashiels im neuen Jahrtausend zur Welt kommt." Die Leute klatschten, die Musik spielte und der Tanz begann wieder.

"Ich wünsche, unser Baby ist das Erste!", flüsterte Roy. "Stellt euch vor, was wir mit 2000 Pfund tun können, wenn wir heiraten." "Falte deine Hände, Roy, wir beten für deine Morag", sagte Margaret Mackai und sprach mit fester Stimme:

"Möge das Auge Gottes auf dir ruhen,
Mögen die Füße des Christus dich führen,
Möge der Reichtum des Geistes auf dich strömen.
Gottes Friede sei mit dir,
Jesu Friede sei bei dir,
Des Geistes Friede sei über dir,
Bei denen, die du liebst,
Bei den Kindern, die geboren werden,
Oh, bei den Kindern,

Jeden Tag, jede Nacht und immerdar."

Die Musik verstummte, und eine wunderbare Stille breitete sich in dem Saal aus. Die Glocken begannen zu läuten, und einer nach dem anderen wanderte zur Kirche hinüber, in der die Kerzen brannten und die Orgel spielte. Der Pfarrer sprach von dem neuen Jahrtausend: "Noch sind wir erst am Anfang des wahren Verständnisses von Jesus Christus, dem Erlöser, der unter uns hier auf Erden wirkt. Wir rufen herbei die Engel, Erzengel und Archai und alle himmlischen Heerscharen, um Segen für die Zukunft zu erbitten." Die großen Türen der Kirche öffneten sich weit, die Menschen strömten in die kalte, sternenklare Nacht hinaus, als die Turmuhr zwölf zu schlagen begann.

Harry schaute nach oben und rief: "Die Engel sind da!" Drei mächtige, flügelschlagende Engel flogen über die Stadt. Mit Staunen nahmen Margaret, Frank und Heien sie wahr. Kitty wachte auf und streckte ihre Hände hoch. Roy aber hörte sein Handy. "Es ist ein Junge!", rief Morag, und Roy fragte: "Wann genau kam er zur Welt?" "Als die Uhr Zwölf schlug, gerade eben!" "Dann hast du 2000 Pfund gewonnen, Morag, ruf das Krankenhaus an." "Das tut deine Mutter gleich." "Und wie soll das Kind heißen?" "Christopher!" "Ein wunderbarer Name. Gib dem Jungen einen Kuss von mir, ich bin in zehn Minuten bei euch." Die Nachricht von der Geburt Christophers breitete sich rasch aus und Roy erhielt viele Glückwünsche. Das Feuerwerk begann.

Roy sprang auf sein Rad und sauste den Berg hinunter, am Rathaus vorbei und in die Hauptstraße. Dort sah er mehrere Polizisten mit Handschellen und ein paar betrunkene junge Leute, die sich offenbar tüchtig gerauft hatten und unter denen er Jack erkannte, den gefürchteten Bandenführer. Sie würden wohl das Jahrtausend in einer Zelle beginnen!

Für ihn strahlte die Zukunft hell, er durfte ein Vater sein! Er sang den Namen des Kindes vor sich hin: Christopher, der Mutige! Christopher, ein Träger des Heilandes. Roy trat fester in die Pedale.

Drei Erzengel flogen zu den Eildon Hills, auch Trimontius genannt.

Ihre Flügel leuchteten, ihr Antlitz strahlte.

"Was hast du heute vollbracht, Bruder Michael?", fragte der Erste.

"Ich brachte Wärme und Hoffnung in das Leben einer Witwe; ich bewahrte einen jungen Mann vor dem Gefängnis und ebnete ihm den Weg, seinen Traum zu erfüllen und der beste Schreiner in Galashiels zu werden."

"Was hast du heute vollbracht, Bruder Raphael?" "Ich rettete ein kleines Mädchen vor dem sicheren Tode und einte zwei Familien, die entfremdet waren."

"Was hast du heute vollbracht, Bruder Gabriel?" "Ich kam zu einer jungen Mutter, um ihr die Seele eines Kindes zu bringen, um die Liebe im Herzen ihres jungen Freundes zu stärken und um beide aus bitterer Armut herauszuführen. Das Kind trägt den Namen Christopher, freut euch mit ihm!"

"So lasst uns heimkehren zum Vatergott und ihm melden: Im Borderland herrscht Segen in dieser Silvesternacht. Das dritte Jahrtausend hat begonnen."

# Das Kirchendach

Der Ginster blühte und der süße Duft des Weißdorns füllte die Luft. Der junge Pfarrer Adam Hörn wanderte den Wiesenweg entlang zu dem Dorf, in dem er seine erste Stelle antreten sollte, einem Fischerdorf an der Nordwestküste Irlands. Für ihn erfüllte sich ein langjähriger Traum. Adam wollte so weit wie möglich von den Kirchenfürsten entfernt arbeiten und in Freiheit den Menschen die frohe Botschaft bringen. Er sang vor sich hin, freute sich an den grünen Wiesen mit ihren Kühen und als er endlich den Kirchturm von Wickly auftauchen sah, machte er einen Luftsprung.

Niemand wusste, wann er eintreffen würde; die Kinder bemerkten ihn zuerst und liefen auf ihn zu, die Frauen folgten und ein paar alte Männer erhoben sich von ihren Bänken. Adam stellte sich vor und sogleich führte man ihn zum Pfarrhaus, dessen Türe unverschlossen war und er zögernd eintrat. Es roch muffig, das Haus hatte viele Monate lang leer gestanden und als Erstes öffnete er die Fenster. Inzwischen hatte sich eine Gruppe von Sprechern gebildet, die dem jungen Pfarrer eifrig Ratschläge gab. Ihm wurde der Schlüssel zur Kirche überreicht, was sich als unnötig erwies, denn auch die Kirche war offen und innen staunte Adam über die frischen Blumen, die brennenden Kerzen und den blanken Fußboden. Das Kreuz aus Messing war frisch geputzt, die Bänke waren abgestaubt und in den erwartungsvollen Gesichtern seiner treuen Gemeindemitglieder sah er unverhohlenen Stolz.

Es war eine kleine, sehr schöne Kirche. Die Mauern aus grob gehauenen Steinen waren weiß verputzt, das Kirchendach zeigte eine Form wie ein umgekehrtes Boot und das Innere war wohl proportioniert. Ein großes Sonnenkreuz stand im Freien, wie es zur Zeit der keltischen Kirche üblich war. Spontan faltete der junge Pfarrer seine Hände, kniete vor dem Altar nieder und sprach ein Dankgebet. Er trat hinaus und sagte: "Heute Abend feiern wir einen kurzen Gottesdienst. Wann kommen die Männer vom Fischen heim?" "In einer guten Stunde. Und vorher gibt es für Sie ein Abendbrot im Lachenden Delphin. Der Wirt weiß schon Bescheid." "Mein Gepäck kommt erst morgen." "Bis dahin ist das Pfarrhaus auch blitzsauber; diese Nacht müssen Sie noch im Delphin schlafen." Es gab ein vorzügliches Essen mit gebratenem Fisch, und während der Mahlzeit unterhielt Adam sich mit Victor, dem behaglichen Wirt, der seinen Gast eigenhändig bediente und ihm von dem verstorbenen Vorgänger erzählte, der dreißig Jahre in Wickly gedient hatte.

Das Gasthaus war umringt von neugierigen Kindern und Frauen. Vom Hafen her hörte Adam Lärm, denn den heimkehrenden Fischern wurde die Ankunft des Pfarrers lauthals verkündet. "Wir sind froh, dass Sie hier sind, Herr Pfarrer. Es gibt Kinder zu taufen und ein junges Paar wartet auf die Trauung; in der Schule war schon lange kein Religionsunterricht und keiner wagte es zu sterben." Victor lachte schallend. In diesem Augenblick trat der Schulmeister ein. Er hatte offenbar seinen besten Anzug an und stellte sich förmlich vor. "Willkommen in Wickly. Ich sehe, Sie sind noch jung. Das freut mich und ich hoffe, wir arbeiten gut zusammen. Es war recht einsam in dieser Zeit, ohne Padre."

Die Kirche war bis auf den letzten Platz gefüllt; trotz der späten Stunde waren auch die Kinder gekommen. Adam sprach auf Gälisch und drückte seinen Dank für den herzlichen Empfang aus. "Jesus war ein Shenachie, ein Geschichtenerzähler, und in dem Gleichnis von den zehn Jungfrauen lobte er diejenigen, die in ihren Lampen und in ihren Gefäßen Öl mitnahmen, bereit für das Kommen des Bräutigams. Ich kam unerwartet und diese Kirche war geschmückt wie eine Braut. Ein reicher Segen möge diese Gemeinde erfüllen."

So begann der Dienst im meist protestantischen Norden, mitten im zweiten Weltkrieg. Doch das Leben im Dorf ging seinen gewohnten Gang. In seinen Gebeten gedachte der Pfarrer stets der Seeleute auf beiden Seiten des Kampfes, denn, so sagte er sich, dem Herrgott seien sie gleich lieb.

An einem stürmischen Abend saß er am Schreibtisch, als eine Stimme zu ihm sprach: 'Adam, gehe an den Strand.' Er wandte sich um; es war niemand im Raum. 'Gehe an den Strand!' hieß es wieder und sofort stand Adam auf, zog Mantel und Gummistiefel an und kämpfte sich gegen den Wind zum Strand. Das Meer tobte, die Wellen waren von Schaum gekrönt und weit draußen sah er zwei dunkle Punkte treiben. Er eilte zum nächsten Boot, schob es ins Wasser und ruderte gegen den Wind auf die Punkte zu. Es waren Schwimmer, die sich an einen Rettungsring klammerten. Kaum hatten sie sein Boot entdeckt, da winkten sie und schwammen auf ihn zu. Endlich erreichte Adam die Beiden und zog sie ins Boot. Sie waren eiskalt, alle Farbe war aus den Gesichtern gewichen und sie konnten kaum sprechen.

Den Wind im Rücken erreichte Adam rasch das Ufer und brachte die Last an den Strand. Völlig erschöpft lagen die Fremden im Trockenen, sie erbrachen Salzwasser und Adam rieb ihnen die Glieder, bis etwas Leben in sie zurückkehrte. Er richtete sie auf, schob je einen Arm unter ihre Achseln und schleppte sie nach Hause. Es waren blutjunge Matrosen.

Noch brannte das Feuer. Die nassen Kleider wurden ausgezogen und gegen zwei trockene Nachthemden getauscht. Adam goss ihnen heißes Wasser in Gläser, fügte Zucker und einen Schuss Whisky dazu und brachte die Geretteten ins Bett. Er hängte die nassen Kleider auf, es waren deutsche Uniformen! Was war zu tun? Das Gesetz verlangte die Übergabe der Männer an die Engländer; sein Herz aber sagte ihm, er müsse sie vor der Gefangenschaft retten.

Nach der Frühmesse bereitete Adam ein irisches Frühstück mit Haferbrei, Eiern und Schinken zu. Die verschlafenen Gäste erschienen in viel zu kurzen Hosen, die sie am Bett gefunden hatten: ein komischer Anblick! Sie stellten sich als Peter und Hans vor, schüttelten ihrem Retter die Hand und fielen über das Essen her. Beim Teetrinken erzählten sie Adam ihre Geschichte. Sie waren beide im selben Ort aufgewachsen, wurden nach dem Notabitur eingezogen, mit minimaler Ausbildung in ein U-Boot gesteckt und bei ihrer ersten Fahrt hatte eine Mine ein Loch in die Wand des Bootes gerissen. Ein Rettungsring hielt sie über Wasser und sie ahnten nicht, wo sie gelandet waren.

"Dies ist Ulster, die englische Provinz von Irland!", sagte der Pfarrer und Peter rief: "Bitte, schicken Sie uns nicht in Gefangenschaft!" "Das kommt auf die Leute im Dorf an. Könnt ihr arbeiten? Hier sind viele Männer eingezogen und es gibt genug zu tun. Ich gehe jetzt ins Wirtshaus und lade die Ältesten und den Schulmeister ein und bespreche mit ihnen, was wir für euch tun können. Geht zurück ins Bett, ihr habt Schlaf nachzuholen."

Der Wirt schickte einen Boten aus, die wichtigsten Leute im Dorf einzuladen und beim Bier hörten sie von der Rettung der Deutschen. Einstimmig beschlossen sie, den Jungen Unterkunft zu geben und sie notfalls zu verstecken. Man bot ihnen ein Quartier an und der Wirt schlug vor, ein Abendessen im Delphin vorzubereiten, bei dem die Matrosen sich vorstellen sollten. Es wurde ein köstliches Festmahl mit frischem Lachs, gerösteten Kartoffeln und Salat. Peter und Hans sprachen genügend Englisch, um die vielen Fragen zu beantworten, die von den Dorfbewohnern gestellt wurden. Man versprach ihnen passendere Kleider, getrennte Unterkunft und Arbeit. Der Schulmeister erklärte, er würde den Kindern sagen, die Fremden seien aus Amerika, damit sie nichts verraten konnten, falls die Engländer spitzeln sollten. Weil der Ort keine Straße hatte, war diese Gefahr nicht groß.

"Nach Amerika würde ich gerne auswandern," sagte Peter; Hans nickte und meinte, er würde gerne besser Englisch lernen. Adam und der Lehrer versprachen, ihnen zu helfen.

So begann eine fruchtbare Arbeitszeit für die jungen U-Bootfahrer. Sie erneuerten das Strohdach einer Witwe, halfen bei der Ernte, teerten Fischerkähne, flickten Netze und waren bald beliebt und geschätzt. Hans gab in der Schule Turnunterricht, organisierte ein Sportfest und Peter baute Turngeräte im Schulhof. Sie sprachen bald nicht nur fließend Englisch, sondern lernten auch etwas Gälisch.

Aber das Idyll war bedroht; der Lehrer las in der Zeitung, es würden Soldaten gebraucht und jedes Dorf würde nach Männern durchsucht werden. Höchste Zeit nach Amerika zu fahren! Mit falschen Pässen versehen ruderten die Deutschen rechtzeitig zur freien Republik, von der sie mit einem Schiff nach New York fuhren.

Jahre vergingen, der Krieg ging zu Ende, die Gemeinde verarmte und Adam flehte verzweifelt nach Geld, um das Kirchendach zu reparieren. Viele der Männer waren gefallen, es gab keine Handwerker und bei jedem Regen mussten Eimer unter das Dach gestellt werden. Adam betete mit Inbrunst um Hilfe. An einem stürmischen Tag klopfte es an seine Tür. Zwei Fremde standen dort, amerikanisch gekleidet und völlig durchnässt. "Wir sind gekommen, um unsere Schuld abzuzahlen", sagte der Größere und zog ein Säckchen mit Dollars hervor. Endlich erkannte Adam seine Freunde und umarmte sie. "Der Himmel hat euch zu uns geschickt, kommt in die Kirche!" Der Regen plätscherte auf den Boden. "Ich bin Dachdecker, Hans ist Maurer, wir zwei decken das Dach!" Der Wirt des Lachenden Delphin war zwar uralt, versprach aber sofort, ein Festmahl für die Gäste zu bereiten. Es wurde eine lange Tafel, jeder wollte die Freunde begrüßen. Kinder von damals waren ja erwachsen! Viele Erinnerungen wurden ausgetauscht und die Bewohner von Wickly sangen und feierten bis spät in die Nacht.